［家創りの原点］

家族がひとつになる「暮らしのカタチ」

不動産・設計・建築・お金をひとまとめに仕切る
“業界の異端児”の熱き想い

「おいしいおうち」代表
山田昇平

現代書林

はじめに

昨年２０１８年だけで日本人が45万人も消えました（厚生労働省『平成30年人口動態調査』）。これは、神奈川県藤沢市や長崎県長崎市が丸ごと消えるのと同等規模です。と同時に、老いていくスピードも加速しています。

６年後の２０２５年には国民の３分の１が65歳以上、５分の１以上が75歳以上になり、同時に労働に従事できると言われる年齢の15歳から64歳までの人が７０００万人にまで減少してしまうと言われています（内閣府『平成30年版高齢社会白書』）。

人口減少と少子高齢化の崖を世界一のペースで転がり落ちているこの現象は、世界中のどの国も経験したことのない人類史上初の出来事で、それが今、僕らが暮らしているこの国で起こっています。そして、それ以上に直視しなければいけないのが、地球規模で起こっている温暖化による異常気象です。

この先に待っている風景がどのくらい悲惨な状態になるか、一部の機関が取り上げているので、ほとんどの方は何となく理解はしていると思いますが、それが個人個人の暮らしの中で意識されているかと言うと、正直ほとんどの方がその話題を直視することを避けている、いや「個々の意識で何かが変わるわけでもないからしょうがない」と思っているのではないでしょうか？

この本を書いている途中に、新しい元号である「令和」が公表されました。平成から移り変わるまでの準備期間として与えられた1ヵ月間で、この国に住むすべての人が同じ方向を一斉に見ているような空気に満たされていくのを肌で感じました。そして平成最後の日になる4月30日から令和元年最初の日である5月1日へ。毎年1月1日に新しい年を迎えるのとはまるで違う次元の感覚を多くの人が覚えたのではないでしょうか。あのとき、皆さんは何を見て、何を感じ取っていたのですか？

来年には東京オリンピックが開催されます。自分たちの目の前に見て見ないふりをすることができないハズの大きな課題を抱えながらも、それは一旦脇に置いて、「希望に満ち溢れた豊かな国」という空気でこの国全体を包み込むには理想的な流れです。

そんな空気の中で意図的に誇張された「聞こえがいいだけの情報」が世の中に飛び交わないか、個人的には若干の危惧を感じています。ただひたすらに暮らしの中に「豊かさ」を追い求めていくことを良しとするこの空気は、戦後70年以上の間、大部分の人を包み込んできた当たり前の空気です。

確かに1964年に最初の東京オリンピックが開催されたとき、時代は決して豊かとは言えなかったかもしれません。だからこそ、当時の人は「豊かさ」を欲したんです。

また、昭和の終わりから平成という時代が幕明けした頃に沸いたバブルという時期を、「右肩上がり」という言葉とともに最前線で生き抜いてきた「団塊の世代」の方たちにとっても、「高度経済成長」というフラッグのもとで包み込まれたこの空気は慣れ親しんだものかもしれません。

だけど、そうして「豊かさ」を追い求めてきた日常は、これからの時代でも本当に居心地良く感じるものなのでしょうか？　そもそも本当の「豊かさ」って何なのでしょうか？

僕が冒頭から書いてきている人口減少と少子高齢化、そして各地で頻繁に起こり出した、今まで経験したことがないような気象災害。その内容も意味合いも、何よりその事象規模もまったく異なるこの二つの課題を並べて書いているこの文章に、違和感を感じている方もいると思います。

だけど僕は、その原因となって根っこにあるものは、同じ姿をしていると思っています。この数十年間、豊かさを追い求めてきた僕らの日常の中に、その根本的な原因となるものは当たり前のように存在し続けている気がします。そう、毎日の「暮らしのカタチ」として。

自己紹介が遅れましたが、僕は経済学者でもないし、政治学者でもありません。ましてや哲学者や生物学者でもないです。いわゆる不動産・建築業界で営業として働いている普通の民間人です。世間的に言われる偏差値も悲しいかな高いほうではありません。

１９６７年、京都府北部の兼業農家の家に、兄、姉の次に生まれた末っ子です。のちの本文でそのいきさつは書きますが、高校を卒業してすぐに関東へ出てきました。もろもろ経験したのち、１９９２年に仲介業者の営業職として不動産業界に足を踏み入れることになります。

その後27年間、不動産営業だけでなく設計や施工にも関わり、いわゆる住宅関連全般の仕事に従事させていただきました。その時間の中で、いろんな家族の想いに耳を傾け、着飾らない日常の生活を身近に見てきました。そこにはともに暮らす家族みんなの〝想い〟があり、その一つ一つが交差し、あるときはぶつかり、あるときは絡み合ったり、手をつないだりするのを日々感じてきました。

お父さんはお父さんとして、子は子として、お母さんはお母さんとして、そしておじいちゃん、おばあちゃんはおじいちゃん、おばあちゃんとして。そこには、一つ屋根の下に存在する「社会」が確かに存在していて、いつもいろんな世代の人の声が聞こえていたんです。

だけど、この数十年のわずかな期間の中でも、この家族という小さな社会の中にある何かがどんどん変わってきていることを仕事柄、僕は肌で感じてきました。

家族の中に子どもの声が少なくなり、若い世代の家づくりのその場におじいちゃん、おばあちゃんがいなくなりました。あるとき、そんな変化が起こり始めたのはいつからなんだろうと感じ、そして、その理由を知りたいと思いました。これから先、僕らの子どもたちや孫たちの時代に、本当の意味で居心地のいい空気が流れるようにするための何かしらのヒントが、その疑問の答えの中にある気がして。

僕は今、設計会社の代表をしています。宅建業者として不動産取引をする会社でもあります。「設計」と聞けば、誰もが「建物のプランニングをする人」と思うでしょう。「不動産業」と聞けば、「家を売買する人」と思うでしょう。でも、そのどちらのイメージで見られるのも、個人的には嫌なんです。自分の役割として僕は、建物という構造物でなく、そこに関わっている人と時間をデザインする人でありたいと思っています。「売買をする人」ではなく、誰かと誰かを「つなぐ人」でありたいと思っています。

だからでしょうか、僕はこんな仕事をしているのに、「家」とか「住宅」という言葉をあまり好んで使いません。その理由は、そこに「時間」という、漠然としていてカタチとしても見えない、だけどすごく大切な言葉のイメージが浮かばないからです。どちらかと言うと、「暮らし」という言葉のほうがしっくりくるんです。

「暮らし」という言葉には、そこに流れている確かな「時間」を感じます。「家」は、そこに人が住まなければ、ただの「箱」です。そこに人の時間が流れ、家族が育まれてこそ「家」としての意味が生まれます。人の「暮らし」があってこそ、そこに確かな時間が流れてこそ、家は家であり続けるんです。

社会の最小単位が家族であり、その家族が育っていく場所が「家」であるなら、その場所で今日に至るまで僕らが重ねてきた「暮らしのカタチ」の在り方が、冒頭に書いたような課題をはらんだ今の社会全体をつくり出す核になっていると考えてもおかしくはないでしょう。そこには、「個人個人の生き方がこの国の未来に直結している」という考え方が、根底に存在しています。

そんな「暮らしのカタチ」を紡いでいく場所を創るのが今の僕の仕事なら、こんな自分でも、少しはこの国の未来に役立つことができるのかもしれません。その場所の創り方が、またその過程で流れるお施主さんとの時間の過ごし方が、これからの「暮らしのカタチ」を変えていくきっかけになる気がしています。

また、僕らが時間の流れの中で自然に紡いできたと思っている「暮らしのカタチ」が、大きな力を持つ誰かによって意図的に操作されてきた結果だとしたら、その大きな流れの中でも、ただ単に流されるのではなく、少しでもいいから自分の力で、自分の意識で泳ぐことを身につける必要もある時代なんでしょう。そんな一人一人の意識が、この国の将来につながっていくハズです。

今の時代を生きている僕らは、僕らの子どもたちや孫たちの時代が少しでも居心地が良くなるように、「暮らしのカタチ」そのものを変えていく必要があるのではないでしょうか？

そんなことを考えながら、この本を書き進めてみます。

そんな戯言の中で、誰かが何かを気づくことがあれば、この本を書いてみたのも良かったと思えるのかもしれません。

目次

2 「暮らしのカタチ」を激変させた核家族

3 経済成長に呑み込まれた正しい選択

第2章≫「暮らしのカタチ」を創るという仕事

1　分業化された住宅業界に欠落する存在

2　僕が住宅業界で見つけた自分の役割

第3章 ≫ 「暮らしのカタチ」を変えて未来を変える

1 僕の中にある「暮らしのカタチ」の源流

2 これから必要となる「暮らしのカタチ」

3 未来を変える糸口になる「暮らしのカタチ」

付録≫家を創るときに必要なお金の話
これから注文住宅を建てる人へ

第1章

今、「暮らしのカタチ」が危ない!?

1 人間社会に歪みを生じさせるデジタル思考

解決しない社会問題　対策という名の延命措置

いきなりですが、全人口を年齢順に並べると、1965年は27・5歳のところに一番高い山ができました。それが50年後の2015年には46・7歳になり、その半世紀後には55・7歳になると推計されています（国立社会保障・人口問題研究所『日本の将来推計人口～平成29年』）。

「高齢化」とは、この単なる数字的な面から見たバランスの問題だけを言っているわけではありません。人口バランスの中で高齢者の方の割合が増えていくということは、言い換えれば「死ねなくなっている」ということです。そこには医療の発展が功を奏しているとも言えますが、みんなが健康で働くことができているわけではありません。

2025年には全人口の5分の1を占めることになる65歳以上の方のうち、その5分の1にあたる方が認知症になると言われているのが現実です。その数700万人。軽度の認知障害（MCI）と認められる方まで含めると、1200万人にまでなると言われています（内閣府『平成29年版高齢社会白書』）。すでに介護事業者が不足している現状なのに、全国民の10人に1人がそうなったときの社会の風景を、僕らはどれくらい具体的にイメージできているのでしょう?

当然、年金などの社会保障費は増大していくでしょう。だけど、その原資を生み出していく人が足りていません。結果、今から11年後の2030年には、今の年金積立金は枯渇するという計算をはじき出している方もいます。今年52歳になる自分がその歳になっても年金を受け取ることができないだろうということは、算数さえできたら誰でもわかる簡単な話です。

この国で一番偉いとされる方々が、年金の受給年齢を70歳に上げるとか、雇用年齢も70歳まで引き上げるとかを検討しているというのは、今の状況では当たり前と言えば当たり前の話なんでしょう。

不動産バブルという言葉が生まれて好景気に沸いた30年前から一転、あと数年後にはこの国に存在する家屋のうち20%以上が空き家になるとも言われています（2015年野村総合研究所）。「不動産神話」とか言われた言葉はここ数年間のうちに完全に意味をなくし、不動産投資なんていうビジネスは成立しなくなると僕は思っています。

いわゆるこの国を支えてきた不動産流通市場が崩壊するときは、現実的なものとしてもうすぐそこまで来ているのです。

このような間近に迫ってきた悲惨な風景を回避するべく、この国のお偉いさんは立て続けにさまざまな政策を打ち出し、それを具体的な行動に移していきます。

消費税増税、働き方改革、入管法と言われる外国人労働者の受け入れなどなど、賛否両論あるにせよ、そうしていかなければいけない状況であることは理解できます。

簡単な話、この国には圧倒的に「お金」が不足しているんです。政策の言葉は違えど、共通しているキーワードは「お金」です。単純にお偉いさんは「お金」をつくり出そうとしています。正確な言い方をすれば、「お金を回そう」としているのです。

「お金」というのは動いてないと意味がないものです。そのお金が動きさえしていれば、この差し迫ってきている悲惨な風景を回避しているように見せることができます。お偉いさんが「政策」としているのは、僕らの日常をその見せかけの風景で包み込むための方法論でしかないんです。

「少子化」の対策については、保育施設の拡充とか待機児童の解消、育児休暇制度の拡充……と、一見お金というより社会制度の問題のように書かれていますが、大前提として人が不足していると言われている現代において、やはり人を投入するには「お金」に目を向けるしかないんです。政策を実行につなげていく具体的な原資がなければ、結局は「絵に描いた餅」になってしまうわけですから。

急激な速度で進む人口減少の問題は、在留外国人を増やすことで表面的には緩和させようとしています。事実、一昨年の２０１７年に日本人の人口は37万人減った一方、同年、新たに日本に滞在し始めた外国人は17万人。失った分の約４割を補ったことになります。２０３０年には20～44歳の約10人に1人は「移民的背景を持つ人」になると推計されているのが現状です（２０１５年みずほ総合研究所）。

しかしながら……です。

こういった政策のすべてが、すでにこうなってしまった現実に対してのものです。よく「○○対策」といった言葉を聞きますが、それは正確な言葉を使って言い換えるならば、「対策」ではなく「対処」なんだと思います。それも、今の危機的状況を数年間延命させる、ただその効果を得るためだけの処方です。

先に書いたように「死なないように、少しでも死ぬのを遅くしている」だけで、大事な中身が機能しなくなっていくのは止められていないと言えるのかもしれません。

今僕らの社会が抱えている課題に対して、何かが起きる前に講じる本当の意味での「対策」とはいったいどういったものがあるのでしょう？

その前に、ここまで書いてきた課題について、僕自身が考えているその原因となるものや、その捉え方について少し触れておきたいと思います。

止まらない少子化　希薄になったつなぐ意識

ずっと昔から生活の基礎と言われた「衣食住」という言葉が、これからの時代は「医職住」という文字のほうが当てはまっていると言われるくらい「医療」が先に来るようになりました。それは兎にも角にも、今後数年間で国民全体の人口バランスにおいて「高齢者」の方の割合が急激に増えていくという現実が念頭にあるからです。

この国のお偉いさんは「少子高齢化」という問題に対して、さまざまな政策を立てて取り組もうとしているようですが、誰一人として「どうしてこうなってしまったのか？」という根本的な原因を深く追求しようとしないのはどうしてなのでしょうか？　そもそも「少子高齢化」という一連の言葉でまとめてしまっていること自体に僕は違和感を覚えています。

人はこの世に生を受けたその日から歳を取っていきます。だから、高齢化は自然の摂理なのです。この国にとって問題なのは、高齢者の方が増えていくことではなく、子どもたちが生まれてきていないということです。本当の意味でこの先の社会を考えるなら、「少子化」という子どもの減少のほうが問題です。

では、この国はどうして「少子化」になってしまったんでしょう? どこぞの国のように、国の政策として力が加わっているわけではありません。政治が悪いとか、制度が整っていないとか、給料が低いからとか言う方もいます。そう言う方にとって、その理由は間違ってはいないのかもしれません。だけど、個人的には根本的な何かが抜け落ちている気がしています。

スポーツの世界は、年長者より若い世代の台頭を推し進めていきます。それは、そうしないとスポーツの歴史が途絶えてしまうからです。競技社会は競争社会です。誰よりも自己を鍛えるということにストイックでプライドも人一倍あるハズなのに、スポーツの世界の人はこの世代交代という厳しい現実を当たり前のように、「その歴史を途絶えさせないために」と理解しています。身体能力の衰えというのが他の職種よりも大きく影響する世界であるのは事実だろうけど、それ以上に次の世代につないでいく意識が大きい気がします。

それに比べ、政治や経済の世界はいまだ「つなぐ」という意識が少ない気がします。よほど今の自分の立ち位置、個々の利益を手放したくないんでしょう。ただ、この「個々の利益を手放したくない」という意識は、私たちそれぞれの暮らしの中で誰しもが当然に持っている意識ではないでしょうか? そう、僕も含めてほとんどの人が持っているハズです。ただ、その意識がここ数十年で強くなりすぎたんです。

子どもが少なくなってきた――。

その原因の一つは、「家族の在り方が変わってきた」という一言に尽きると僕は捉えています。この捉え方は、僕自身が従事している仕事が家創りに関わる業種だから、そういう目線になってしまうのかもしれませんが、いろいろな角度で意識的に見ても、案外間違っていない気がしています。

急激に家族の在り方が変わり始めたのはここ数十年ですが、時代を遡ってその背景を見ていくと、どうやら今から100年ほど前あたりに、その源流となる兆候が見え隠れしているようです。人間の歴史を西暦の中で語っても2000年です。そのうちのたった100年で、どうしてここまで「家族」の在り方が変わっていったのでしょう。

詳しくはこのあと書き綴っていきます。その起因になると思われるものを自分なりに感じ取っておかないと、この先「暮らしのカタチ」を創っていく仕事にどう向き合っていけばいいのかわからなくなりそうだと思ったので、この本を書くことをきっかけとして、自分なりに調べ、感じ取ったことを記述しています。

子どもが少なくなってきた原因としてもう一つ挙げておきたいのが、現代社会に流れている「わかりづらくシンプルでないもの」を面倒くさく感じてしまうという空気の存在です。個人的にはこの空気の存在は、かなり大きな要因となっていると思っています。敢えて言葉にすると、「何それ?・」と思われる方も多くいらっしゃるかもしれませんが、ここ数十年、この社会には確実にこの空気が充満しているんです。そのことを次項から詳しく掘り下げていきます
これからも「家創り」に関わっていく以上、その理由を自分なりにでも解釈した上で関わっていきたい。そうすれば微力ながらですが、これから待ち受ける「少子化対策」にもつながるんじゃないかと思っています。「少子化対策」につながることが、本当の意味での「高齢化対策」だと思うし、何よりもその先にある、僕らの世代の子どもたち、孫たちに残していきたい風景につながることだと僕は思っています。

浸透するデジタル化 人を点に見立てる環境づくり

「家族」が一番小さな「社会」である――。この言い回しが間違っていないのなら、家族の変化はそのまま社会全体の変化につながっていっても不思議ではありません。僕はこの変化の要因として、二つのキーワードを挙げています。一つ目は先に書いた「お金」というワードで、もう一つが「デジタル」というワードです。

ここからはまず「デジタル」というワードについて、僕が感じていることを書いていきます。

この言葉を聞いたことがない人はいないと思いますが、この言葉を日本語に訳すと「離散的」という意味を持つらしいです。この「離散」という言葉がどうしてこの社会の変化に大きく起因しているのでしょうか？

いわゆるデジタルとは、0と1で構成されたドット（点）を集めて一つの大きな情報のカタチに変えていっている集合体です。このデジタルの対極にあるのが、皆さんも知っての通り、「アナログ」という言葉です。

その違いをわかりやすくたとえると、デジタルは点描の絵画であり、アナログは線画で描いた絵画です。点の集合体でつくり出した情報は差し替えや更新も手早く効率的にできます。この「効率的」という言葉、それが高度経済を支えるためにすごく重要なポイントだったんです。

より早く、より便利に、より簡単に……。人間が持つ貪欲なまでのこの欲求をどこまでも満たしていくために、このデジタル化の世界は目まぐるしく発展してきました。この仕組みが、現在の人工知能（AI）を生み出すまでになるテクノロジーの発展に直結しています。

そしてこの変化の速度は、この先もっと激しくなっていくでしょう。今まであった人間社会そのものの組織図が一変してしまうほどのことなのに、まるでそれが当たり前のように、ほとんどの人が同じ方向を向き始めています。なかにはその流れに抗うようにもがいている人も見受けますが、「より早く、より便利に、より簡単に、より楽をしたい」という人間が持つ欲求の力は、この１００年の歴史が証明するように、やはり大きいようです。その先に自分自身の居場所がなくなるかもしれないという、もう一方にある側面には目を向ける隙間もないようです。ここに大きな流れがつくり出す「空気の力」の怖さみたいなものをひしひしと感じます。

このバラバラの点と点で構成された「デジタル化」という仕組みは、今の社会の中で当たり前になった「分業化」という構図に直結していきます。専門分野ごとに細かく区分けされた組織。より効率的に、より多くの仕事をより早く処理していくためにつくり出されたこの分業化という仕組みは、人間社会の中で人を「点」に見立てていくことを前提としている考え方です。

今の時代はそんな仕組みを基本的な組織形態として、すべての企業がカタチづくられています。だからこそ、「働き方改革」といった労働力を時間で区切ることを基本とした政策が成り立ってしまうのです。人ではなく時間で区切るから、人が辞めてもすぐ差し替えが効きます。仕事内容をどんどん「デジタル化」することで、誰がやっても同じ結果がついてくるようにできます。この「人を点に見立てることができる」という仕事環境が整えば、今まで人間がやってきた仕事をＡＩにどんどん移行できるようになります。

野村総合研究所と英オックスフォード大が４年前に共同研究した報告書は、経理事務員、スーパーのレジ係、銀行の窓口係は、ＡＩやロボットに取って代わられやすく、２０３０年頃には日本の労働人口の約半数が自動化される可能性があることを示唆しています。すでにスーパーのレジに自動精算機があるお店を珍しく思わなくなっているわけだから、この報告書よりも早く社会は変化しているのかもしれません。

　この人工知能の台頭が少子化や人口減少への対策だと、この国のお偉いさんは言っていますが、もう一方で医療や保育、介護の現場、素材や技術にこだわっている飲食業に建設業など、コミュニケーションや状況に応じた力が求められる職種にはＡＩの代替が進んでいません。現代の就職戦線で人気のある事務職などはＡＩに取って代わり、人手が足りない医療や介護、建築などでは自動化が進まないというミスマッチに対しては、どのように対策を講じていくんでしょう?

　どちらにしても、今後は今まで誰も経験したことのないような社会構造になっていっても何ら不思議ではない土台はすでにでき上がってきています。


　先ほどデジタル化されることが少ないであろう例外職種として建設業も入れましたが、それは実際の現場での作業に限るものであって、その過程に至るまでの作業や、商品化して市場に流通させていく過程においては、ある意味、国の政策として一番早くから規格化され、大量生産市場の流れに乗せられてきた業界という一面があります。

　家族という一番小さな社会が存在する家という空間が、こうして規格化された大量の流通商品の中でつくられてきています。

詳しくは、のちのち書いていきますが、少なくとも同じ人が二人として存在することがないのだから、家族だって同じ家族は存在しません。その家族がつくり出す「暮らしのカタチ」だって、同じものはないハズです。なのに、その住まう空間である家を規格化してしまった。大量に、より早く、より効率的につくり出すために。

これは100年前までは存在していなかった流れです。

次は、先に書いた「分業化」について、自分の経験からの視点で解釈したことを書いてみようと思います。

過剰に進む分業化　医療の世界で体感した疑問

5年ほど前、運転中に突然、右後ろあたりにフラッシュのような光が走りました。

最初は街中にある看板か何かに反射した光だろうと思っていたけど、数分後にまた光が走る。そしてまた……。

あとから病院で聞くと、それが網膜に亀裂が走った瞬間だったようです。

その夜には視界の下のほうが黒く塞がってきたので、翌朝眼科に行って検査をしました。レンズを通して僕の眼の中を見ていた先生が、「あ〜、破けているね。山田さん、今日はお金持ってます?」って、いきなり聞いてきたのがすごく印象に残っています。

そして、レーザー手術を受けました。どうやら時間を置くと危ない状況だったようです。眼球に何か熱いものが直接ぶつかってきて、痛みに近い違和感を後頭部に数十回感じましたが、話を聞くと120発ほどレーザーを打ち込まれたようです。先生曰く「熱したフライパンに、油を引かずに肉を押しつけるみたいなものです」と……。

すでに剥がれ落ち始めている網膜の周囲をレーザーで〝焼き止める〟。どうやらそんなイメージのことを先生は言いたかったようです。

僕の場合、剥離した場所にあった毛細血管が破れ、本来無色透明の硝子体が詰まった眼球の中に血液が流れ出しました。剥離したのは眼球の上部だったけど、眼の中の仕組みはカメラレンズと同じ原理で上下が逆さまになっているらしく、眼球の内部で実際に起こった現象は、下のほうから真っ黒い液体の粒(血液だけど赤くは見えないんです)が集団になって上がっていきながら天井に固まっていき、徐々に視界を塞いでいくといったような摩訶不思議な経験をしました。

時間が経つとその粒のほとんどは消えましたが、消え切らなかった無数の影が今でも視界の中に常にいます。いわゆる「飛蚊症」と言われる症状なんでしょうが、実際は蚊どころじゃなく、日常的に視界はゴミだらけです。

この日から身体のあちこちにいろんな弊害が出てきました。

「片頭痛」のような痛み、「顔面神経痛」のような痺れと筋肉の震え。「痺れ」という症状は左半身のあちこちに出てきました。眼から来る疲れって身体全体のあちこちに出てくるんだと実感して、定期的に通うことになった眼科でその症状を相談してみました。だけど返ってきたのは、「剥離の術後は大丈夫ですね」という言葉だけ。どんなに身体のあちこちがおかしいと言っても、僕が安心できるような言葉は返ってきません。考えた末に先生の口から出てきたのは、「耳鼻科に行ってみてください」という言葉でした。

「どうして耳鼻科なんだ？」と半分以上疑いながら行ってみると、確かに「顔面神経痛」のような痺れや痛みは和らぎました。どうやらこの診断は合ってるようです。このとき初めて、人間の耳と鼻と眼は顔の中で複雑に絡み合っているんだって実感させられました。

だけど他は相変わらずです。片頭痛や目の奥を押さえつけるような痛みや手足の痺れなどは、今も続いています。セカンドオピニオンだと思って、ちょっと大きな総合病院にも行きましたが、「その原因はこれですよ」っていう、僕が安心できるような言葉は結局出てきません。

だけど、人間の感覚とはつくづく順応性があるもので、常に視界がゴミだらけでも、それをいちいち気にしない自分がいつの間にかでき上がっていきます。そうして今もそんな身体と「うまく付き合っている」毎日です。

世の中には、こうして答えに辿り着かないものがいくつもあります。たとえ求めている答えが見つからなくても、人間の感覚はその「わからない」という現実を飲み込んだ上で徐々に順応していくものです。だけど医療は「わからない」という言葉をできるだけ言わないように、専門部位ごとに細かく分業化して今に至っています。

五つの臓器と数千億と言われる神経と何十兆と言われる細胞でひとつなぎになっているハズの身体は、言うなれば「究極のアナログ世界」です。継続した一本の線のようなものでつながり、そのすべてが無関係ではありません。このお互いの関係性を人間は膨大な費用と途方もない時間をかけて研究を積み重ねながら、そのアナログな世界の中を探求し続けているのに、人間の身体の中にはいまだ未知の世界が残っています。

それはもともと人間という生き物を人間自身が意図的につくり出したわけではないからなんです。だからこそ人間は、その知識の中にある範疇の専門医療という言葉の枠組みで細分化していき、その分野の範囲だけは応えられるようにしました。

先に書いた網膜剥離のように、眼の話だけで終わるなら、眼科の先生だけと話していれば僕ら患者は安心できるのですが、ほかの要因に広がっていったとき、目の前の先生から担当が変わっていってしまいます。それでも痛みや違和感が取れなかったとき、結局のところ「どこに相談に行けばいいのか?」という疑問になってしまう方は少なくないと思います。

医療業界がその視点から考えて、患者にとってわかりやすく効率的にしたこの専門医療という仕組みが、身体という全体像を一つのまとまりとして診てほしいとなったとき、よくわからない仕組みになってしまっています。

身体というアナログの世界を、無理矢理にデジタルの世界に落とし込んで説明しようとしても、本質的な部分までは届かないという一つの例のように感じます。

深刻な地球温暖化 自然と対峙した悲惨な結末

人間の身体のように、いくつもの要因が連続したつながりの中で絡み合って一つにまとまっているもの、また人間が意図的につくり出したものではないもの、という意味合いで言えば、「自然」も同類のものと言えると思います。

昨年(2018年)だけを見ても、6月の大阪府地震、7月の西日本豪雨に、台風の大量発生、9月の北海道地震などなど、立て続けに自然災害と言われるニュースが流れていました。そして何よりも、このような災害という言葉は使われていないけれど、個人的には最も深刻だと思っている「地球温暖化現象」。12月に25度以上の夏日がやってくるなど、歴史上経験したことがない事象がどんどん起こっています。

この現実に対しても、この国のお偉いさん方は「対策」という言葉を使い、まるで自然と〝対峙〟しようとしているようにも見えます。「どうしてこうなったのか？」という根本的な原因に対して真剣に向き合うことをしないのはなぜなんでしょうか？

その理由は、単純に「経済成長を抑制しなければいけない理由に触りたくないから」だと僕は思っています。先にキーワードとして書いた「お金」の話がここで出てきます。

どんなに経済発展しても、どんなに株価が上がっても、どんなに預貯金が増えても、年間雨量と同等以上の雨が一日で降り注ぐような天候になれば、何もかもが流されてしまいます。あの3・11と同じだけの揺れが関東を襲ったら、あっという間に日本経済はパンクするでしょう。何よりも、これだけの気候変動が地球上で起こっていて、世界中の至るところで日常の暮らしができなくなっているというのに、この国はまだ「経済成長」という価値基準だけを追い求めています。

政治だけじゃなく、自分も含めて僕ら一人一人もそうです。自分に直接覆いかぶさってくる事象じゃなければ、すべて他人事のように扱ってしまい、どこまでも自己の快適さ、便利さ、裕福さだけを第一に考えてしまう習慣ができ上がってしまっています。地球規模の話なんだから、一人一人が身近な範囲で意識していっても、この大きな流れは変えようもないものだと捉えてしまっています。

ニュースでの報じ方も、そういう基準値でつくられているように感じています。

アフリカの熱波とベネチアの水害、アメリカで起こったハリケーンとインドネシアで起こった地震など、世界各国で起こっている災害をどれもがバラバラの点として捉え、しばらくの間、ニュースはそれらをひとつなぎの関係性を持った現実として解釈しようとしていませんでした。昨年の秋口になって、ようやく「異常気象」という言葉を一般的に使うようになりましたが、それでも「地球温暖化」と関連づけて口にすることには、最後まで戸惑っているようにも見えました。

この世の中で起こっている事柄は、すべてひとつなぎの連続的な関係性の中で成立していて、何一つ「関係ないものはない」と捉えられるならば、僕らの日常の暮らしの中にも、そのきっかけになるものが含まれていると考えても、何ら不思議ではないと思います。

すごくささやかで、わずかな影響かもしれないけど、大切なのは、その事実を意識して僕らの日常の「暮らしのカタチ」から変えていくということです。

今現実的となっている温暖化現象が、ここ１００年余りの間に成長した人間社会から発する影響だとしたら、当然改善していくのに最低１００年以上はかかると思っていいでしょう。人間が生まれて家庭を持って子どもが生まれるまで30年とすれば、今から数えて３世代先でようやく少しは落ち着いてくるのかもしれません。だけど今動き出さなければ、確実に３世代先の世界には、今とはまったく異なる景色が広がっているでしょう。

人間は自然に対して〝対峙〟してはいけないんです。いくら〝対策〟を講じたって、自然が本格的に怒ったら敵いっこないんですから。僕らにとって今一番必要な対応は、自然と向き合い、その声を聴き、一緒に共存させてもらうことです。

拡大する非言語化　人と触れ合わない共感の意味

営業を始めた頃、消費者が財布を開くときの心理状況を書いた本を読んだ覚えがあります。僕を含め、人が物欲を満たすためにお金を出すというときは、少なからず心を動かされたときです。大げさな言い方をすれば、人は誰しも「感動体験」を欲しているんです。だけどその「感動体験」に至るまでの経緯に、昔はなかった変化が現れてきているように思います。

スマホやゲームなどに時間を費やすことが多くなった今。それらはすべて一瞬で楽しめ、完結するものばかりです。特に幼少期の遊び方として、公園でみんなと一緒に泥だらけで遊んできた子どもたちと、常にスマホやゲームを手にして遊ぶという時間を使ってきた子どもたち。感受性という面から見たとき、どちらが豊かな子どもに育っていくのでしょう？　自分以外の人の気持ちに共感したり、刺激を受けたり、涙を流したり、一緒に喜んだり……、そういう感性は人が何かと触れ合う時間が長く深いものであればあるほど、豊かなものに育っていく気がしています。

ツイッターやインスタ、フェイスブックが一番の情報源になっている今の広告市場の特徴として「文章は長いものは読まない。写真などでパッとわかりやすく感性に訴えかけること」が最も重要なポイントとされています。そこにはできるだけ時間を費やさないという特徴があります。

『感情化する社会』（太田出版）という本の著作者である大塚英志さんが、「現代は感情が価値の最上位に来て共感が社会を動かしている」といったことを書いています。まさしくインスタやフェイスブックがそのツールでしょう。そこは瞬間的に湧き上がる感情と、表面だけの共感で占められた世界である一方で、言語的なコミュニケーションで自分以外の人と理解し合うという関係性がとても面倒くさく感じる社会も存在しています。そこに本当の意味での深さや豊かさは育つのでしょうか？　個人的にはとても疑問に思っています。

何をするにせよ、どこに行くにせよ、事前にネットで口コミを調べ、誰が何をどう思ったかを事前に予習してから動き出す。予想だにしない驚きや、筋書きにないストーリーをワクワクしながら待つよりも、まずは他の人がどう思ったかを知らないと安心できない。どう感じるかという感性は人それぞれなのに、共感を求めるがゆえなのか、まずは情報収集をしてしまう。だから情報収集できないものには立ち入ろうともしないし、それこそ興味のないものには触ろうともしないということになります。結果、「心は動かされたい。だけど予測ができないものには手を出したくない」という、昔には見られなかった心理状態が生まれてきているようです。

そういう理由からなのか、特に都市に暮らす人たちは、毎日のようにすれ違う隣人でも、誰だかわからないまま数年間暮らしているということは珍しくありません。

「知らない人に声をかけられても答えちゃだめよ」という親子の会話を聞いたりします。理由は「怖い」から。もともと言葉はお互い何を考えているか理解するために交わす手段として生まれたものなのに、なぜか今はその言葉を真っ先に排除しようとします。

そんな偏った社会の中、ＳＮＳを利用した集団的な感動体験は次々に生み出されていくというのが現代です。これは「効率化」と「便利さ」をとことんまで追求した先に生まれ出たまったく新しいコミュニケーションのカタチです。この流れがいいのか悪いのかの議論は別として、社会の中に生の言葉がどんどん少なくなっているのは事実です。

生の言葉でコミュニケーションを交わしながら生きてきた世代として、この非言語的な習慣にはなかなか慣れない自分がいます。

わかりやすさの追求 失われ続けている想像力

少し前まで、世の中はアナログ的に流れていたハズです。何かを買うにしても人と会話をして、ときには交渉して手にしていたし、そこには感情や気分によって変わりやすい空気がいつだって流れるのは当たり前でした。そんな空気の中にそれぞれの人間味が存在して、そんな空気の中で僕らはコミュニケーションというものを学んできました。

だけど、今の社会はそんな空気を「わかりづらい空気がまとっているもの」と仕分けして、まずはマーケット市場から排除し始めた。その理由としては、何より経済成長をより進めていく上での生産性と効率化の優先という背景が見て取れます。そうして生活の中に存在する「わかりづらくシンプルでないモノ」をいつの間にか面倒くさく感じてしまっている現実が、少なからずこの社会の中に流れ出しているんじゃないでしょうか?

もしそうだとしたら、それはすごく危険なことのように思ってしまいます。だって、先に書いた人間の身体や僕らが生きている自然というアナログ的な世界に存在するものを、無理矢理デジタル化して社会というものに押し込めていっているのだから、そのこと自体に無理があります。

今は、あふれる情報から何かを選ぶために、さらに大量の情報を必要としている時代です。ここ数十年の間、僕らの身のまわりには簡素化したデータが垂れ流され、そこから興味のあるものだけをピックアップして自分の五感に取り入れてきました。そして今や人工知能の力を使うことで、その人の膨大な検索結果から過去に取り入れた話題だけをチョイスして、自動的に発信元から逆に情報が流れてくるようにまでなっています。

受け取る人から見れば、とても親切なシステムだけど、その結果、世の中で起こるありとあらゆることを興味の「ある」「なし」だけで分け隔て、同時に関係が「ある」「ない」と自分勝手に振り分けています。わかりやすいものだけを選び、わかりづらいものを避ける習慣を身につけてしまった僕らは、いつの間にか「想像力」という一番大切な力をなくしてしまったのかもしれません。

注文住宅を主にして家創りをしてきている僕らの仕事にも、その影響は少なからず出てきています。

建売市場ならでき上がった家を見て、触って、体感することもできます。わかりやすく、い

ANALOG
DIGITAL

いも悪いもすぐに答えが出てきます。だけどゼロからつくり始める注文住宅の場合、僕らつくり手側は、まずはお施主さんの希望する暮らしを聞き取らせてもらい、それをつくり始める前の計画段階で、お施主さんに完成形がどうなっていくのかを確認してもらわなければいけません。そのために、お施主さんは自分の考えや気持ちを僕らに伝える言葉を持ち合わせていないとダメだし、想像するという力も必要になります。だけど、最近はその二つが苦手な人が増えてきたように思います。

つくる側であるこちらも、お施主さんがよりイメージしやすいようにとイメージパースなどを説明に取り入れるのは当たり前になり、今やVR（ヴァーチャルリアリティ）といった仮想現実をプレゼンに使う会社も出てきています。時代はより便利に、わかりやすくをどんどん進化させていっていますが、違う角度で言えば、人間が持っていないといけない「想像力」という能力を使う機会はどんどん減り、その力はどんどん退化してきているように感じます。

うがった見方をすれば、そうして僕らからその力を奪ってしまったほうが都合がいい立場の人が、どこかに存在しているのかもしれないとも思ってしまいます。

そして何より、この世の中で最も「わかりづらくシンプルでないモノ」って、人間そのものではないでしょうか？　特に小さな子どもたち。自分本位な大人の目線で見れば、これほど面倒くさく思える存在はないでしょう。

生まれてきてしばらくは、当たり前だけど言葉にならない。突然泣き出すし、おむつも替えてあげなきゃいけないし、ハイハイを始めると目を離すこともできない。「静かに」と言っても静かにはならないし、「ダメ」って言っても「どうして?」「いやだ?」って抵抗する。親になれば誰もが一度は「どうしていいかわからない」と嘆いたこともあるハズです。

だけど、それってすべての人が同じような時間を過ごしてきているんです。それを愛おしく、大切な存在として見守ってくれる大人がいたから、僕らも今大人になっているんです。この当たり前にあったハズの循環が今、途切れかかっている気がします。

当然、子どもが欲しくてもできないご夫婦もいらっしゃるでしょうから、そういう方々にとってはあり得ないことです。でも、少子化になってきた原因の一つに、もしこうした感覚の存在があるのだとすれば、それはとても危険で根深いものであるような気がします。簡単に言えば、それはつまり「子どもが面倒くさく苦手な存在になってきている」ということだし、その感覚をつくり出しているのは、国全体に蔓延している〝そういう空気〟が原因になっていると思うからです。

一見関連性はないように思えるかもしれませんが、その背景にはここまで書いてきたような「効率化」とか「生産性」を一番に求めた社会の方向性があり、それを現実化させるためのデジタル化した思考があると僕は思っています。その結果、「わかりづらくシンプルでないモノ」

が自然と脇に追いやられていき、手軽でわかりやすく、自分に都合のいいものだけで身のまわりを固めていける社会を僕らは望もうとしているのかもしれません。

そうした中、新しく令和の時代に移り変わった２０１９年のこどもの日に、衝撃的な記事が掲載されました。それは、平成の30年余りで15歳未満の子どもの数が７８７万人減少したというものです。１９８９年に２３２０万人いた子どもたちが２０１９年には１５３３万人に減ってしまっているんです（朝日新聞２０１９年5月5日付）。愛知県や埼玉県に住む人が誰もいなくなってしまったと考えれば、その問題の大きさが少しは伝わるでしょう。僕らはこの現実をどう受け止めればいいのでしょうか？

この少子化という社会現象が、こうした空気の先に生まれたものだとしたら、それは恐ろしく危険な空気だと感じます。そして僕らは知らず知らずのうちに、想像すること、その先をイメージすることすらできなくなってきているのではないでしょうか？

そんなことを示唆してなのか、今年の元旦の新聞に講談社さんが出していた広告に書かれたキャッチが記憶の中に強く残っています。それは、「一番遠くに行ける乗り物は、想像力かもしれない」というものです。

今僕らが、この先の時代を良くしていこうとすれば、この想像力というのは最も大切な乗り物なんです。

2 「暮らしのカタチ」を激変させた核家族

変動する家族のカタチ 三世代から二世代への移行

年に数回、人口推移の記事を見ます。先日、神奈川新聞に掲載された記事によると、神奈川県全体の人口は、前年より1万9000人近く増えて918万人台になったとのことです（平成31年4月1日神奈川県発表）。

ただ「家族」という単位に照準を置いて話をすると、その人口数の横に羅列する「世帯数」の推移との比較に、どうしても目を向けてしまいます。

横浜市で2018年（平成30年）の人口が374万833人に対して世帯数は168万9894世帯です。この数字から単純に察すれば、一世帯2・21人となります。

平成という元号になる前、今から約33年前の1985年（昭和60年）の横浜市の人口が299万2926人に対して世帯数が102万7090世帯というから、一世帯2・91人となります。そしてその20年前、僕が生まれる2年前の1965年（昭和40年）、横浜市の人口178万8915人に対して世帯数が48万1943人でしたから、その時代の一世帯平均は3・71人です。

こういうデータで見ていくと、たった50年ほどで一軒の家の中で暮らす、いわゆる「家族」の単位は1・5人減ったことになります（横浜市『平成30年中の人口動態と平成31年1月1日現在の年齢別人口』）。

確かに、このような行政の調査となると、一人暮らしを始めた子どもたちの暮らしも一世帯と勘定するでしょうから、この世帯平均はかなりのバラツキもあると思います。ただ1965年に生まれた子どもの数が3万7213人だったのに対して、2017年に生まれた子どもの数が2万8611人ですから、一人暮らしを始めた子どもが増えたのが単純な理由でないのは明らかです。

「少子高齢化」の勢いが止まらない現代の状況は、すでにいろんなニュースで取り上げられていますから、今さらここに書く話でもないですが、やはり気になるのは高齢者のご夫婦のみ、もしくは単身で暮らしている人の割合が増加したことです。

それと、子どもがそこに存在しない「暮らしのカタチ」です。

1992年に僕が住宅関連業界に入ってから27年が経ちましたが、この短い間でも、このカタチの変化は如実に感じ取ることができます。

これから僕らがつないでいく子どもたちや孫たちの世代にとって大切なのは、そういう変化を数値化したデータをただ見比べることではなく、「この変化はどうして起こったのか?」という理由を知ることだと思うのです。


僕が子どもの頃は、兄と姉と僕の3人に親父とお袋、それにおばあちゃんの6人家族でした。その両親が子どもの頃の家族は一世帯の人数がもっと多かったハズです。だけど、ここで大切なのは「家族」という単位を構成する人数ではないんです。「世代」の数です。

一つ屋根の下に親と子ども、そしておじいちゃんやおばあちゃんという三つの異なる世代が一緒に暮らすということが当たり前だった時代が、いつの間にか当たり前でなくなってきました。その過程に存在した空気、それは今も何の違和感もなく、僕らの日常に流れ続けています。それが一組の夫婦とその子どもからなる「核家族」という単位がつくり出してきた空気です。

先に書いた人口推移の記録では1920年には、すでに「核家族」という単位そのものはこの国の世帯の半数を占めていたようです。その数が急激に増え始めたのは1960年代。僕が生まれた年代です。

1963年にこの言葉が流行語になり、1975年にこの国の中にある「家族」の単位としてピークを迎えています。このとき、この時間軸の中で何があったのでしょうか？

憧れのマイホーム　核家族をつくった住宅政策

今、建売住宅をを代表とする住宅の多くは、スタイル別に区分すると「シンプルモダン」という言葉で言い表すことができます。この現代的とか近代的という意味を持つ「モダン」という言葉が世の中に出始めたのは、1912年から1925年にわたる大正時代になるでしょう。建築ではかの帝国劇場が開場し、文化的には蓄音機が街中に音楽を流し、ラジオ放送が始まった時代。今でも主食になっているカレーライス、とんかつ、コロッケが食卓に登場し、森永製菓がミルクキャラメルを発売した時代。大都市に人口が集まり、大量消費時代が初めてこの国に訪れたときです。

1923年に東京を襲った関東大震災も、この上り始めた経済の動きを止めるどころか、逆に中心都市を生まれ変わらせるきっかけになっていったようにも思えます。

この時代背景が、「核家族」という家族のカタチを一般的にしていくきっかけになっています。現在の洋風化社会の「暮らしのカタチ」につながっていく原型は、このときすでにでき上がってきたんだと思います。

関東大震災から3年後、ものすごいスピードで生まれ変わっていく中で、1926年に昭和が始まります。同時期、世界のあちらこちらでは戦争が起こり、時代が混沌としていく中でも、このときの出生率は5人（2018年は1・43人）と言われていますから、核家族と言っても「子ども」は多かったんです（内閣府『少子化社会白書』）。

そして第2次世界大戦に突入し、1945年終戦を迎えます。そこから始まった時代の変貌が「家族のカタチ」をより一層変えていきます。

戦後の経済復興の勢いを加速させていくために、一番必要となる労働力の確保に社会が動き出したからです。「労働力の確保」とは、いわゆる「人の確保」です。「経済を成長させること」とは、いわゆる「お金を動かすこと」です。お金を動かすエネルギーとして「人」が必要なんです。

この時代、ひょっとしたら社会が必要とした「人」に個性は必要ではなかったのかもしれません。「労働力＝人＝時間」と捉えれば、どのくらい効率的に長時間働くことができるかどうかが一番大事なことであって、その人が突出した能力を持っているかどうかなんて、それほど重要ではなかったのかもしれません。

そういう時代背景の中、1951年に公営住宅法が施行され、1955年には日本住宅公団が設立されます。今で言う「都市再生機構」のことです。

こうして都市圏を中心に公営住宅、公団住宅が次々につくられ、「○DK」とか「○LDK」という表記が記された間取りが住空間の基本になっていったんです。今でこそ当たり前になったこのダイニングキッチンという名称は、この時代に考案されたものです。

こうして国が先頭を切って、住宅をつくり始めたのです。何のために？　そう、均一で安定した労働力を確保するためです。

そうした背景のもとでつくられた「家のカタチ」が現在も続いていて、今を生きる僕らが「暮らしのカタチ」として当たり前に捉えている「家族」の原型になってしまっているような気がしています。

1960年の流行語には「マイホーム主義」という言葉が選ばれ、「夢のマイホーム」と言いながら、僕らの両親世代は今までにない「暮らしのカタチ」を取り入れていきました。当然、そこに生まれた住空間の中には、それまでのようにおじいちゃん、おばあちゃん世代と一緒に暮らすようなスペースは存在していません。

標準化した核家族
時代の流れが生んだ現在への道

「核家族」という家族の単位がピークを迎える1975年に家を持つ世代の中心が、いわゆる終戦後の1947年～1949年の間に生まれた団塊世代の方たちです。今でこそ結婚して家庭を持つ年代は30代後半が主流になっていますが、当時は女性は25歳までに結婚、そして出産をし、男性も30歳までには2人以上の子どものために働いているというのが普通の時代でした。

その時代、政治的にも一番重要視された「経済成長」というフラッグに乗って、大量生産、大量消費を推し進める空気の中、当然のように質より量が必然となってきます。今でもそうですが、数の原理に基づいてものづくりを進めていけば、当たり前のようにさまざまな商品は〝規格化〟されていきます。家電も車も、そして家も例外ではなかったんです。

今と違って、つくれば売れる、出せば売れるという時代です。この時代は「個性」というより、より多く「所有」することのほうが幸せを感じる時代だったと思うんです。だからこそ不動産も売れました。ステップアップという言葉を、より個性的なものとか、より高価なものということではなく、「より大きなもの」という価値基準で測っていた時代かもしれません。

だけどこの時代はまだ、その消費の背景に「家族のため」という目的があったんだと思います。先に書いた「マイホーム主義」という定義には、「自分の家を持ち、家庭を大切にする考え方ないしは思想」とあります。一見とても理想的な考え方に聞こえますが、そのバランスが過剰に「家」という箱の内側に向きすぎてしまった時代という見方もできなくはないでしょう。

こうした時代の流れは、「夫婦と子ども」のみで成り立つ「核家族」を家族の基本形とした「暮らしのカタチ」を日常化させました。そこに「個の尊重」という言葉を付け加えた上で、個々のプライバシーを「より大切な権利」とすることを、まるで空気を入れ替えるように自然と染み込ませてきました。だからこそ、同時に僕らは何の疑いもなくそれを受け入れてきたんです。

ひょっとしたら、僕らがこうして受け入れてきてしまった今の常識が、おじいちゃんやおばあちゃん世代との間に壁をつくり、高齢者だけの街をつくってしまったのかもしれません。付け加えて言えば、プライバシーを守りすぎるあまり、自然と関係を遠ざけていった地域社会との関わり方が、昨今の同じ街の中で起こる狂気的な事件につながっているのかもしれません。

こうした流れを辿ってきたのは、誰が悪いとか、誰かが仕組んだとかではなく、時代の流れとしてきっと必然だったのです。だけど現代の社会問題として捉えられる今の現状を見ると、何とも言えない気持ちになってきます。

絶頂期の中での不安 岡本太郎さんが残した諫言

1975年より少し前、僕が3歳のときに大阪万博が開催されました。会場で母に抱っこされた白黒の写真が残っているのを見たことがありますが、記憶にはまったく残っていません。その大阪万博のテーマは「人類の進歩と調和」。ものすごい勢いで成長を続けてきたこの国で、進歩と呼べるような出来事が毎日のように生み出されていく傍ら、多くの矛盾もあったんだと思います。

それが何なのか？　この矛盾が将来、この国に何をもたらすのか？

あの太陽の塔を創った芸術家、岡本太郎さんがこの祭りの中で言っている言葉が、すごく印象的なので、ここに引用します。

「今日の社会は人間の共同体としての、共通のリズムを失ってしまっている。ひとりひとりばらばらで、その個人がまた全体像のふくらみを持っていない。つまり自分自身が十全に自分ではないのだ。これからますます近代社会が組織化され、システムの網の目が整備されればされるほど、人間はその中の部品にすぎなくなり、全体像、ユニティの感動、威厳を失ってくる」

「厖大な生産力は人々の生活水準を高めた。しかしそれが果たして真の生活を充実させ、人間的・精神的な前進を意味しているかどうかということになると、たいへん疑問である」

『第四の消費』（三浦展／朝日新聞出版）より

この言葉を、岡本さんは今から49年前に言っているんです。僕はこの文章を見たとき、鳥肌が立ちました。

まだ一般社会の中にデジタルという言葉が行き渡っていない時代に、すでにデジタル化（離散的）しつつある社会構造に懸念を覚え始められています。

この後に現実化していく「少子高齢化」「社会全体の分業化」「わかりづらい全体像」、さらにその先にある「コミュニティの損失」。すべてこのときに岡本さんが言葉にした通りになっています。

それとともに、「僕らはいったい何をやっているんだ」っていう怒りが湧いてくるのと同時に、これからの子どもたち、そして孫たちの世代に、僕らは何をしなければいけないのか……という課題を突きつけられた瞬間でした。

個の時代の到来

量より質への価値観の転換

こうして1955年に750万世帯だった「核家族世帯」は、20年後の1975年には1500万世帯に倍増しています。この理由には労働人口である年代の人が実家を出て地方から大都市に移り住み、そこで結婚して家族の単位になっていったという現象も考えられます。ということは、今問題視されている地方の「過疎化」も、この時代をきっかけにそのスピードを速めていったとも言えると思います。

こうして当たり前になった夫婦と子どもで成り立つ「核家族」という単位も、この1975年をピークに減少を始めます。その時代に何があったのか？

きっかけは1973年に起こったオイルショックだと言われています。第4次中東戦争を発端に、石油輸出国のうち6ヵ国が原油価格を上げてきました。それによって世界経済は大混乱を起こし、それまで順調に経済成長を続けてきたこの国も一気に低迷し、大型の公共事業がいくつも凍結もしくは縮小されました。

それまで大量生産、大量消費といってどんどんものをつくってきた市場が一気に冷え込み、同時にそれまでの価値基準であった「量」や「大きさ」よりも「質」や「個性」に変化していくきっかけになりました。その結果、家族一番、会社一番、利益一番という価値観が一転して「個人」に向かい始めたのです。

つくれば売れる、出せば売れるといった好景気の時代には、家庭に入るお金は男性が賄い、女性は家庭を守るというのが当たり前の夫婦の役割でした。

それが不景気になり、ご主人が家に入れてくる収入も少なくなり、奥さんが外に出て働くようになって、徐々に家の内側ばかり見ていた視界が外に向いていったんでしょう。当然のように社会の構図は変わってきます。

コンビニの第一号店としてセブンイレブンが開店したのもこのときだし、クロネコヤマトの宅急便がスタートしたのもこのときです。面白いのは、できたてお弁当屋さんとして「ほっかほっか亭」がスタートしたのもこのときです。

このような時代の変遷の中で、徐々に徐々に「個の尊重」を主張する時代の背景が重なっていったその先に、今の僕らの「暮らしのカタチ」が存在しています。

戦後の１９４７年に制定された日本国憲法の13条にも、「すべて国民は、個人として尊重される」としっかり書かれています。「憲法改正」が話題になっている今だから言うのではありません。ましてや、今問題になっている「少子高齢化」の原因が日本国憲法にあるなんてことを言っているのでもありません。

しかしながら、間違いなくこのとき、この時代、いわゆる「空気」の流れが変わったのは誰もが知る事実でしょう。

今となってはそれが正しかったのか、どうなのか？　そんなことを言っても何も始まらないのはわかっています。しかしながら、この先に待ち受ける時代のことを想像すれば、「このままではダメなんだ」ということだけは確信として捉えられます。じゃあ何から、どのようにしていけばいいのか？　それが、今を生きている僕らの世代が対応していかなければいけない〝責任〟なんだと感じています。

先日テレビを見ていると、団塊の世代にあたる有名な大学教授の方が、以下のようなことを言われていました。

「フルコースの料理を散々食い散らかしたままのテーブルを片付けもしないで死んではダメだとは思っているんです。だけど、僕が生きているうちに綺麗に片付けることは、若い人には申し訳ないけどできそうもない。せめて、できるだけ早く片付けるための知恵と準備だけはしておかないと、と思っています」と。

同居志向への変化

さらに変わり始めた個の意識

今、僕はまがりなりにも「暮らしのカタチ」を創ることに携わっています。

家という箱の中に納まっていく家族のカタチが、「大家族」から「核家族」へ、そして「個人」へとどんどん変わっていっている時代。そのきっかけが「規格化された家」という箱から始まったのであれば、その箱を新たにつくり直すところから始めれば、その中に納まる家族のカタチも徐々に変わっていくのではないかと思っています。

それには、ここからひと世代、ふた世代、いやそれ以上の世代がつなげていかなければいけない時間が必要になります。今まで話してきた変遷が1920年から始まっているのであれば、2020年を迎えようとしている今、すでに100年の時間が経過していることになるわけですから、昔のように〝みんなが一緒に〟という「暮らしのカタチ」に変えていくのにも同じ年月が必要になるのかもしれません。

だけど、今始めなければ、何も変わらないんです。少なくとも今始めれば、今年生まれてきた子どもが成人を迎える頃には、ひょっとして一世帯の家族の人数が去年の2・2人から3人に変わっているかもしれない。

僕が子どもの頃に過ごした環境のように、おばあちゃん世代とも一緒に暮らすことが当たり前になったら、高齢者の単身生活者は少なくなるでしょう。

同時に福祉施設の在り方も変わってきます。在宅介護が主流になり、子どもたちも一緒におばあちゃん、おじいちゃんの面倒を見るような時間ができるなら、きっと「命」というものの捉え方も変わってきます。

僕もそうでしたが、一緒に暮らしてきた人の命が終わる瞬間に立ち会うということは、その子の人生にとってとてもいい経験になると思っています。僕自身、親として子どもに教えられる最後の仕事って、命を閉ざすところを見せてあげることだと思っています。生きるということ、死ぬということは、どんなに取り繕っても切り離せない現実なんです。

おばあちゃん、おじいちゃん世代が一緒に暮らすことで、ひょっとしたら少子化の問題も解決の糸口が見えてくるかもしれません。確かに、言葉にするほど簡単な話ではないことはわかっています。

これだけ「個」としての暮らしを大事に守ってきた時間が長いと、みんなと一緒に暮らすことで阻害されるかもしれない「個」としての時間のほうが、今の人にとって重要な位置づけになるハズです。だからこそ、時間が必要なんです。一度身についた習慣や価値観はそんな簡単に変わるものじゃないですから。

だけどもし、この〝一緒に暮らす〟ということが現実の「暮らしのカタチ」として昔のように普通になっていったら、今この国が抱えているさまざまな問題や、将来にわたって子どもたちに抱えさせることになるような課題も、一気に減少していくように思えてならないんです。

先日、旭化成ホームズが実施した『実家の相続に関する意識調査』の調査結果を見る機会がありました。それによると、子世帯の51・1%が「同居」や「隣居」を考えているそうです。反対に親世代で検討したことがある方は28・7%しかいなかったようです。当然、本音ではなく、遠慮や気遣いもあると思います。しかしながら、この手の調査結果を見ると、ここ数年、年を追うごとに〝一緒に暮らす〟という意識は高くなっているように思います。

だけど、実際にそういう住宅をつくろうとするとどうなるんでしょう?

この節の最後になりますが、ちょっと話を脱線させて、お金の工面も含めた具体的な流れに少しだけ触れておきます。

ここに新たに三世代住宅を建てようと考えている家族がいるとします。その家族は今ご両親と子ども世帯とが別々の場所で暮しています。ご両親には保有している戸建てがあるけど、建替えて三世代住宅をつくるには敷地面積が狭い。そこで新しく広い土地を購入して建築しようと考えます。融資は子ども世帯が組み、自己資金となる原資をご両親の資産を売却してつくるといった流れを計画します。そう……普通に想定し得るシチュエーションです。

だけど、この全行程において、この家族のそばにいて一貫した業務を取り仕切る職種が実は存在していないんです。

売買取引が絡む場合、お客さんが最初に相談に行くのは、一般的には不動産仲介業社でしょう。だけど、実は土地紹介を得意とする仲介営業って意外と少ないんです。営業職の本音は「できるなら土地ではなく、既成の建売や中古住宅を買ってもらいたい」と思っています。お客さんは土地を買って3世代住宅をつくりたいという要望を言っているのに……です。

それはなぜか？　単に不動産業は「紹介したものを売買取引する職業」だからです。土地からの紹介だと、その場所に自分たちの求めている家が予算内でつくれるかどうかを確認できないと、お客さんはその土地の契約には進められないでしょう。仲介業だけではその説明ができないんです。いくら不動産のプロと掲げていても、そこはやはり「紹介する側」の職種です。間取りを描くとか、工事内容やすべての費用についての説明は、いわゆる「つくる側」にいる職種の仕事であって、仲介業としては専門外ということになります。だけど新築や中古ならありのままを見てもらって、良いか悪いかを判断してもらえれば取引につながります。

何より、単純な売買取引のほうが住宅ローンの段取りや手続きも簡単です。だけど、お客さんが住宅ローンを利用して土地を購入し、建築へと進む場合、その融資実行の段取りと管理をお客さん側の立場に立って誰が統括して仕切るのかという問題が出てきます。ただ〝買う〟という取引だけなら容易ですが、土地を買った後に〝つくる〟という請負行為が続く場合、融資の申請業務は複雑で、かつ金融機関によってその進め方がすべて異なります。この銀行融資のからくりは、最終章に付録として書き加えておきますので、ぜひ読んでみてください。

土地を買い、建物をつくってもらい、引渡しを受ける。それだけの流れなのに、この過程でお客さんの目の前に現れる専門職は不動産会社から、設計会社、そして請負会社（選ぶ工務店によっては最後に外構屋さん）と、どんどん変わっていきます。お金という一番大切な要素は一連の流れとしてつながっていくのに、全体を一貫して取り仕切る人がいない。そこにお客さんの不安とストレスが生まれやすい状況が生じてきます。

この後の第2章で詳しく書きますが、この業界内は、この相互間の関係性が見事に縦割りでバラバラなんです。そして、この関係性がお客さん目線で成り立っているとは、僕には到底思えません。

もし今のこの仕組みが「みんな一緒に暮らせるように注文住宅をつくろう」という希望を持った家族にとって邪魔なものなのであれば、その仕組みを変えていきたい。だからこそ僕は、すべての専門職とつながり、現場に直接足を運び、職人とも話し、金融機関の段取りも併せて僕自身が行うことで、お客さんが安心できる窓口になろうと今の立ち位置をつくりました。

ここが僕自身がこの業界に居続けられる唯一の場所なのかもしれません。

3 経済成長に呑み込まれた正しい選択

特別扱いの住宅ローン　国策で利用される住宅市場

前項で話が出ました「住宅ローン」について話を進めてみたいと思います。さて皆さんは、「住宅ローン」という金融商品と他のローンとの違いは何だと思いますか？

マイカーローンや教育ローン、フリーローン、事業用ローンなどなど、金融商品にはさまざまありますが、その中で一番長期で一番低金利で、一番高額な借り入れができるのが「住宅ローン」なんです。

それはなぜかと言うと、あくまで「本人及びその家族又は本人の家族が居住することを目的として住宅及びそれに付随する土地を購入するため」と、その利用目的が限定されているからです。いわゆる「生活を確保する」という、社会を構成するために、また人が生きていくために最低限必要とされる場所を守るために利用される金融商品だからです。

そこだけ聞くとありがたい商品ですが、違った見方をすれば、「国民の生活環境を確保する」ということは、先にも書いたように「労働力を安定的に確保する」という意味にもつながります。だって住宅ローンを組んだ人は、借りたお金を「返さないといけない」という義務が生じるので、その支払いのためにどこかで働き続けなければいけないわけです。こうして35年間継続する労働力が確保されるわけです。こういう面から見ても、この国が最重要課題として掲げ続けている経済成長に、不動産市場及び建築業界の活性化が、いろんな意味で不可欠な要素になっていることを見て取ることができます。

こうして住宅ローンは他の金融商品と比較してもその存在は少し特別で、銀行という組織内部でもちょっとした特殊性を持った商品になっていきます。１９９４年に行われた金融政策として、民間金融機関の金利が自由化されました。それからほどなくして、銀行など金融機関は一般窓口からこの住宅ローンの業務の部署を外し、外部に「住宅ローンセンター」という独立した部署をつくりました。そこは不動産業者専用の窓口としてつくられた場所で、一般のお客さんとの直接的なやり取りを前提としない特別なスペースなんです。どうしてそんな一般のお客さんとの間に距離をつくる必要があったのでしょうか？

それはすべて、その経済成長の速度をより早く、より大きくするためだったと僕は捉えています。

そう考えれば、この住宅市場ってほとんど国策みたいなものです。経済の浮き沈みに合わせて、住宅ローン控除や金利優遇が大きく新聞に出ます。そして今年（２０１９年）予定されている消費税増税が施行されれば、それを機に消費者の背中を押すような新たな優遇政策がどんどん出てくるでしょう。

一方で、某銀行がアパートローン融資などで書類偽装したとの問題も表面化し、事件化にまで発展しています。企業の権力者が見えづらい場所で、この国策みたいな制度をうまく利用してきたわかりやすいニュースとも見えますが、ここまで大々的にやっていて、本当に公的な管理機関が誰もわからなかったのでしょうか？

太陽光システムの盛衰　損得勘定に終始した誤算

もう一つ悲しくなるような現象もありました。２０１１年3月11日の東日本大震災のときに起こった原子力発電所の事故をきっかけに、改めてその存在価値が重要視された自然・再生可能エネルギーの話題です。

それまでは一部の人しか利用していなかった太陽光発電システムにスポットをあて始めた世論は、あっという間に国を挙げての政策として広がりを見せ、すべての住宅の屋根に載せようとまでしていたときもありました。しかしながら振り返ってみると、皆さんもおわかりのように、その空気は今ほとんど感じなくなっています。

なぜなんでしょう?

その理由は、太陽光システムに「お金を儲ける」という商業的な意味が色濃く出てしまったからです。

原子力発電の事故が大きなきっかけでしたが、主題は環境問題として「できるだけCO_2を削減しよう!」という意味だったハズです。30坪クラスの普通の一戸建ての屋根に、3kWhの太陽光発電システムをつけるだけで、植樹を何ヘクタールもするのと同等の効果があり、その分、二酸化炭素の排出は抑えられるし、自分の家で利用する電力を自分の屋根で生み出せたら、それだけ火力発電所は電気を生み出さなくてもよくなるでしょう。そうして空気中に流れ出す熱量を少しでも減少させていくことが、地球温暖化現象の問題の解決に直結する今一番の重要課題であり、そのために太陽光発電システムは必要なんです、と。

これが本来、太陽光発電システムをはじめ、さまざまな再生可能エネルギーを必要とする最大の理由だったハズです。それすらもいつの間にか、経済成長の一材料として利用され、マスコミを含めすべての宣伝文句が個人的な利益を主とした損得勘定的な言葉を使ったため、「元が取れるか、取れないか」だけがポイントの商品になってしまったんです。

もう一方で、住宅ローンという商品の中で、太陽光発電システムの設置費用が扱えないという答えも出てきました。住宅すべての屋根につけていこうと言っていたのに、本末転倒な話です。理由は書いてきた通り、この設備は商業的な意味を持つから、「住宅ローン」という商品の原則から言って望ましくないという、これまた本末転倒な回答だったんです。

自然からの最終警告　失われゆく3・11の教訓

僕にとっても、あの3・11は、それまでのいろんな価値観を見直すきっかけとなり、数ヵ月後、自分の自宅の屋根にも太陽光発電を設置しました。「暮らしのカタチ」を創るという日々の業務でも、太陽光発電システム設置業者となり、当時のＪＰＥＣの指定店にも登録しました。数件ではありますが、僕らが創った住宅に設置しています。そのとき、僕は元が取れるとか、儲かりますよとかの言葉は一切使っていません。伝えてきたのはただただ、これから僕らの暮らしを守るために必要なんだということだけです。

だけど、結果は皆さんもご存知の通りです。きっとその当時、住宅を買おうとしていた方も、この太陽光発電システムの営業を少なからず聞いているハズです。そしてきっと計算したハズです。設置費用は何年で元が取れるか、とか、そうして得した分が住宅ローンの足しになるのかどうか、を。

そして今、当時話題になった買取金額がどんどん減っていき、すでに設置してから10年経って買取制度を終了する時期が来たことをニュースなんかで見始めると、「やっぱりつけなくて良かったね」と安堵している人もいらっしゃると思います。

あの日、テレビから流れる映像を見て、また原子力発電事故の惨状を目の当たりにして、僕らは何を感じ、何を心に決めたんでしょう?

それまで暮らしの中で、それほど気にも留めてこなかった電気のこと、それを生み出している原発のこと、エネルギーのこと、そして地球温暖化のこと。いろんな大切なことを知るきっかけを3・11は僕らに伝えていたハズなのに、結果として、なし崩し的にその空気はどこかへ流れ去っていきました。

そして昨今、度重なって起こる自然災害に対して、「参ったなあ」とか、「困ったなあ」とか、「怖いよなあ」とか、まるで他人事のような言葉を口にしています。

僕は個人的には、今こうして起こっている異常気象も地震も、すべて自業自得のように捉えています。だって、根っこにある本当に大切なことに目を向けないで、もっともっと便利な生活、快適な暮らしを、今もなお、みんな望んでいるでしょう？

あのとき、あれほど当たり前だったものが、あっという間に当たり前でなくなったという体験をし、そこで本当に大切なものは何なのか、大自然から教えてもらったハズなのに、僕ら人間はあっという間に忘れてしまえるんです。その理由の半分は、僕ら自身から自然と湧き出てくる欲求そのものなんでしょうが、半分は社会の中に意図的に流し出された空気の力なんだと思っています。

そこには一部の権力者の力が大きく関わってきています。そう、ここでもまた「お金」を中心とした力が加わってくるのです。

3・11が教えてくれた、これからの僕らの暮らしにとって何よりも大切なこと、次世代を大切に思えば何よりも一番にすべきことを直視するということは、経済成長を止めるということを抜きにしては考えられなかったんです。そう考えれば、あのときの空気の流れを変えたのが、どういう人の集まりなのかは自然と見えてくる気がします。

地震とそれによる津波という最悪の自然災害。そして、現代人の欲が生み出した原子力発電所のメルトダウン。世界の歴史の中でも最悪と呼ばれる大惨事が同時に二つもこの国を襲ったのです。

それは神様が今を生きる僕ら人間に対して発した最終警告とも思えてきます。それほど大切なメッセージでさえも、人は経済成長というフラッグと天秤にかけた上で、蔑ろにするような行為を取ろうとしています。

少し想像力を膨らませればわかることだと思うのですが、それほどまでに僕らは欲深いのかもしれません。

僕らにとって一番大切なものって何なんでしょう?

その答えを導き出す前に、次章では僕の仕事である「暮らしのカタチ」を創るということについて、その業界の状況を含めて少し話をさせてもらいます。

第２章

「暮らしのカタチ」を創るという仕事

1 分業化された住宅業界に欠落する存在

住宅関連業界の現実　バラバラな存在の三つの分野

ここからは、僕が関わらせてもらっている仕事を通して感じ取ってきていることを書いていきます。

不動産業、設計業、施工、ファイナンス……「暮らしのカタチ」を創るという仕事を社会の縮図のように捉えてしまった日から感じ始めた違和感を、自分の自己紹介も兼ねながら言葉にしていこうと思います。

僕が関わらせていただいている業界（ここでは住宅関連業界と言っておきます）は、「分業」という仕組みをどの職種よりも明確に体系化した業界だと思います。

一見シンプルでわかりやすい流通市場のようにも見えますが、売買市場・建築市場・設計市場という一連の流れを俯瞰で見たときに、その業界内は見事なほどバラバラです。建売住宅という一つの「商品」になってしまえば、そのバラバラ感が消費者の方に伝わることはほぼありませんが、土地を買い、家をプランニングし、そしてつくっていくという注文住宅の流れになったとき、この分業制による業界の歪みが消費者の方にわかりやすく伝わってしまうことが少なくありません。僕自身が考えるその理由を以下に書いていきます。

この住宅関連業界は、大きく三つの分野に分かれます。

一つは「不動産業界」、二つ目に「建築業界」、そして三つ目が「設計業界」です。

特徴を簡単に言えば、「不動産業界」は「売買の世界」で、「建築業界」は「つくる世界」、そして「設計業界」は「考え、それを描く世界」です。

そもそも昔から土地は買う、もしくは譲り受けるもので、家はつくるものでした。だけど戦後間もなく、土地と建物という二つの資産を一緒にした建売住宅という「商品」が出てきて、そこから一気に家は「買う」という一言で言い表すことが多くなってきたんです。

では、それぞれの業界を見ていきましょう。

不動産業界の現実　つくることを知らない売る仕事

「家を買う」――その言葉を当たり前にしたのは、いわゆる「宅地建物取引業」という生業の中にある不動産業界です。

「マンション」や「建売住宅」を買うという行為が当たり前になり、あっという間に「住宅」は不動産市場でいう「商品」になっていきました。先の章でも書いたように、そういう変革期が訪れたのがおおよそ1950年代前半、いわゆる戦後間もない頃です。「住宅」を商品化すること、それは戦後の経済成長を活性化させるために絶対的に必要なことだったんです。

何せ「住宅」を購入するときに動くお金は、住宅そのものの価格の4倍から6倍と言われていますから、戦後復興を第一とした政府は、住宅市場を何よりも優先して優遇してきたんです。ただ当時の政府が高度経済の第一優先に住宅市場を選んだ理由が、ひょっとしたら「お金」だけではないのかもしれないと、のちのち感じることになります。

この業界に携わる人の職種のほとんどは「営業」です。シンプルにでき上がったものをどんどん売る、お金を動かす。それが不動産業界の仕事です。だからなのか、実際に「つくる」側の現場のことをよくわかっている人はこの業界にはあまりいません。ましてやゼロから間取りを考え、描くことのできる人はほとんどいません。当時社会に流れていた空気から察すれば、わかる必要も、できる必要もなかったんだと思います。

ただその知識や経験値は、当然働いている人次第で異なります。だって職種は違っても、建築業界も設計業界も大きくは同じ業界ですから。興味さえあればいくらでも勉強できるし、経験もできます。だけど残念ながら、今もその販売だけに特化した空気は、当たり前のようにこの業界内に流れています。

かくいう僕自身も、この不動産業界の仲介営業マンという顔が、この住宅関連業界で最初につけた顔です。

のちの章で書いていますが、この不動産業界で仲介営業としてのみ携わった最初の14年が、今の僕にとってのいい意味での基礎となっているし、また「反面教師」的な面も形づくってくれたのです。


この業界は、「お金」という存在が一番色濃く出ている業界です。

売買取引となると、都市部なら当たり前のように数千万円・数億円単位のお金を日常的に動かすことになります。「これから家を買おう」と動き始めた方が一番最初に声をかける会社は、たいていがこの不動産業界であり、その中でも仲介業と言われる会社でしょう。この仲介業が

「利益」と称しているものが「仲介手数料」で、「取引額の3％＋6万＋消費税」にあたる額が法律で定められた利益の上限です。

不動産仲介を始めた頃、まずはこの報酬額の大きさに驚きました。取引になれば、当たり前のように規定の額をお客さんに請求するし、僕が業界に入った当時（1992年）は、お客さんもそれを当然のように払ってくれました。5000万円の新築住宅の取引で156万円以上になってしまう金額です。

〝買い物〟としては人生で一番高いところにある位置づけですから、その商品を紹介する側としての責任も大きいのは確かです。だけど当時、その仕事内容を考えれば、正直それほど価値のある仕事をしているのか疑問に思える営業マンも多数いました。

違う言い方をすれば、「仕事の価値」が曖昧な職種なんです。少なくとも僕はそう感じていました。だってどんなに時間をかけて、どんなにお客さんのことを考えて物件を紹介しても、取引に至らなければ報酬はゼロです。逆に、広告を見たお客さんから問い合わせが来て、その物件を見せただけで、取引に至れば100万円以上の報酬になるわけです。

どんな職種でも営業職はそういうものですが、報酬額が大きい分、不動産営業職の金銭感覚は他の職種とは少し変わってきてしまうのかもしれません。誰しも欲はあるわけだから、簡単に数百万が手に入る可能性のある業種と考えれば、その感覚が独特なものに変わっていっても何ら不思議ではないでしょう。

だけど僕はそれが嫌だった。正確に言えば怖かったんだと思います。のちの章で書きますが、僕が幼少期に染み込ませた「働く」という意味そのものが、その感覚を嫌ったんだと思います。

当時は、消費者の方が今ほど手軽に情報を手に入れられなかった時代です。だからこそ不動産情報を握っている不動産会社の価値は、それだけで大きかったのかもしれません。

だけど当時から僕は、その立場にあぐらをかいているような業界のままでは、手数料の価値はすぐになくなると仲間内にも言っていました。でも、その言葉に耳を傾ける人はほとんどいませんでした。結果、今はどうでしょう？　正規手数料を胸を張ってお客さんに請求できている営業職、いや不動産会社はだいぶ少なくなってしまったように思います。

社会的に見ても、このたった30年足らずで、「仕事」という意味、「働く」という価値をどこに置くかが劇的に変わっていっているんです。それを一番身近に感じなければいけないのは「営業」という職種だと思うのですが、働き手側は残念ながら、それほど重要視してはいないようです。不動産営業は、今現在もまだ、シンプルに「お金を動かす」ための最前線の立ち位置にいます。

僕は不動産業からこの業界に入ってきた身です。不動産業界で学んだこと、経験したことから言わせてもらえば、どれだけ情報化社会になったとしても、この業界に携わる営業職は絶対に必要なんです。お客さんの身になれば、自ずとその価値は見えてきます。不動産という人生で一番高いと言われる商品を提供する上で、またその相談役として、お客さんの一番身近な場所で、一番安心させてあげられることができるのは、不動産業界で営業として従事する人のハズです。

僕自身、今のような立場でいられるのも、不動産営業が最初の職種だったからです。いろんな人の価値観、いろんな人の悩み事や夢や願いに触れられる職種ですから、自分次第で仕事上で持たせられる価値はいくらでも変えていける業界だと思っています。

高度経済成長の波の中、「不動産業界＝紹介業」という色が濃く出ていましたが、本来はコンサルティング業だと思っています。「暮らしのカタチ」をどう整えていくのがいいのか、資産の引き継ぎ方をどうしていくか……など、目の前の方それぞれの悩み事や夢に耳を傾けて相談できる相手、それが不動産営業のあるべき姿だと僕は思っています。

この本を手にしている方で、これから家を買おうと思っている方は、情報を手に入れることを第一とせず、どんなことでも相談できる営業職を見つけることを優先してほしいと思います。どんなものでもネットですぐに手に入る時代ですが、家だけは信頼できる人と関わりながら探してほしい。そう願います。

また所有している不動産をこの先どのように引き継いでいくか、それともカタチを変えていくのか。そんなことを考え始めたご年配の方々にも、不動産業界に携わる人が安心できる窓口であってほしいと思っています。宅地建物取引業という括りの中にある業界ですが、これから先、何も売り買いだけが取引ではないと思っています。世に「不動産屋さん」と言われる業界が、そういう存在になっていくように、僕自身願っていますし、そうならなければ、仲介業という業種自体がなくなっていっても不思議ではないと思っています。

建築業界の現実　物だけを対象にしたつくる仕事

では、「建築業界」はどうなっているのでしょう？　そこは「つくる世界」です。一つ一つの部材を組み立て、構造物をつくっていきます。「どんな希望もカタチにしていきますよ」「建物には絶対の自信がありますから」「うちは自然素材にこだわって環境にいい建物をつくっているんです」……そんな言葉を消費者に投げかけながら、自分の持っているつくり手としての技術を前面に打ち出していきます。

だけど、現場でその家の設計図を職人さんが描くことはしません。消費者の方から見れば、ここは意外と思われるかもしれません。だって僕らが子どもの頃の大工さんたちは、自分で設計図も引いていました。だけど今は、その仕事は「設計士」の仕事になっています。それは家をつくるという行為が「行政の許認可」を必要とするもので、その業務は「設計士」だけができるものだからです。この関係性は昔からあったものですが、高度経済成長の波と一緒により分業化されてきたように思います。

それこそ〝つくる〟を主とした建築業界に、消費者に対して〝売買する〟という世界は共存していません。会社という組織単位では共存していても、実際に関わっている人はほぼ別だと思っていいです。

個人的な見解ですが、その理由の一つには「仕事の対象物は何か？」というテーマがあるように思っています。不動産業務という仕事の対象物は「人」ですが、建築業界の世界で働いている人たちにとっての対象物は材料である「物」なんです。そんな隔たりに意味を感じていない僕にとっては理解できない感覚ですが、実際に関わってみると、その違いを感じることが多々あります。社会が効率化を図るために、そこも分けたほうがいいと思って、そういう空気を流し続けた結果なのかもしれません。

また「建築」といってもゼロから家をつくるのと、今あるものを改修するのでは職人さんが異なる場合があります。どちらも同じ〝つくる〟なのに、そこには得手不得手があるんです。

会社単位でもそうです。建築会社とリフォーム会社、それぞれの肩書の存在がその事実を表しています。得手不得手と言いましたが、日常の業務で習慣化しているものが違うんです。それを一番わかりやすく説明するとすれば、「行政検査」があるかないかでしょう。

家をゼロからつくる場合、そこには「建築基準法」という確立した法律が必ずモノサシとして存在してきます。配置、寸法、木材・金物の細かな決まりまで、すべて規定を順守してつくっていかなければいけません。建築途中に行う正規の行政検査もあり、合格しないと先には進めません。当然、完成後の建物保証なども義務づけられています。

しかしながら、リフォームの世界では、こうした第三者の目がそれほど厳しく存在していません。ほとんどが工務店や現場に関わる職人さんの知識と裁量に任されます。こう聞くと、リフォーム会社は安心できないと考える方もいるかもしれませんが、それは間違いです。

ゼロからつくる場合は、そのすべては規格化された材料でつくられていきますが、リフォームの場合は新築時の年代や状況によって、現場の進め方は大きく異なります。「普通ならこの壁の向こうはこうなっていると思ったけど、解体してみるとまったく違っていた」なんてことは日常茶飯事です。こういう場合、現場に求められるのは予定調和のやり方ではなく、臨機応変な対応です。そこにはそれ相応の経験値と納め方が求められるのです。

また、ほかの二業者にはあまりない関係性として、「下請け」「元請け」という感覚が染みついているのもこの建築業界です。この後にも書きますが、この「下」とか「元」という上下の感覚は、この住宅関連業界で僕が一番嫌いな感覚なんです。この上下の感覚は必ずそこに責任のなすりつけ合いが生まれます。

「請負」という取引のカタチを取っている以上、そこには依頼する者と請負う者という絶対的な立ち位置が存在するのは事実です。だけど、それは上下（じょうげ）の関係性ではなく、仕事の流れとしての上下（かみしも）という関係性が正しいように思います。そう考えれば、どんなことも一緒に取り組んでいこうという意識が出てくるハズなんですが、実際は悲しいほどに上下（じょうげ）の関係が蔓延しているのが現状です。この請負業が持つ根深い課題だと僕個人は感じています。

設計業界の現実　資金以外の全体を管理する仕事

では最後に「設計業界」を見ていきましょう。

もうおわかりだと思いますが、そこには〝売買の世界〟は毛頭ありません。だけど「つくる世界はわかるだろう?」と思われるでしょうけど、実際にトンカチ持って木と木をつなげて……とか、ノコ持って素材を切り刻んで……とかを日常の業務にしているかっていうと、それは違います。頭で考え、図面化していくことを主としている世界です。

だからときどき、大工さんと設計屋さんって相性が悪かったりするんです。当然、設計士さんみんながみんなそうと言うわけではありません。ただ昔（今もですが）、設計士は「先生」と言われ、自分が設計した図面は絶対だと思い、大工さんは「そんなものできない」と言う。押し問答の末、「じゃあ自分でつくってみろ」と大工さんにタンカを切られる人もいらっしゃいます。

それこそ「大統領」という言葉の語源は、大工さんの「棟梁」から来ているくらいだから、昔の日本では一番〝偉い人〟の代表です。そう考えれば「先生」と「大統領」の〝偉い人対決〟みたいなものです。だけど「お金」の話になったとき、建築費用を把握している設計士の方はそれほど多くはいらっしゃいませんし、大工さんをはじめとする職人さんたちもお金の話はよくわかっていません。

2015年、新国立競技場の建築費用について問題になったとき、かの有名な設計士の先生が記者会見の席でホワイトボードを前にして堂々と「公募要項の条件が公費1300億円だった。私はこんな大きなもんつくったことはないですからね。こんなもんかなと思いました」と言い、加えて「我々が頼まれたのはデザインの選定まで」と言ったのは、「分業化」の実態があらわになった瞬間でしょう。

だけどこの本の中でも軸として書いている「全体を見られる人」と言えば、僕は設計会社だと思っています。だから「管理者」という役は設計士の役割になっているんです。

でも、この管理者という役柄はあくまでつくる側での世界の中だけです。お客さんの資金管理や不動産取引まで見ることは一般的には無理です。それこそお客さんが家づくりの工程全般で抱く不安や相談事までのコンサルティング業務となると、皮肉なことに専門職であればあるほど、器用にはこなせないと思います。そこを僕はひと括りでまとめているんです。

何一つとして一人でカタチにすることはできないけど、全体をひとつなぎでまとめていく役はできます。それが自分の役割であり、存在価値なのかもしれません。

では、ここからは、その資金管理の話に移っていきます。

一貫した資金管理　住宅業界には存在しない仕事

「これから家を買いたい」「できれば、注文住宅を建てたい」。そう考えている方は、この業種の違いをわかった上で、話しかける人を選んでいく必要があります。

この違いをわかりやすく説明するには、その業態ごとの「契約書式の様式」から説明するのがいいかもしれません。

どういうことかと言うと、不動産業は「売買契約」、建築業は「請負契約」、そして設計業は「業務委託契約」となるんです。「売買」と「請負」と「委託」。この言葉から、その仕事の内容がそもそも異なっているのがわかると思います。

業務的な立場から言えば、こういう専門的な業務を分業化するのは普通のことですし、社会の仕組みがこうなっている以上、依頼者であるお客さんも「全体像がよくわからないけど、大丈夫だろう」と自分に言い聞かせ、そういう現実を飲み込もうとします。

ただ「土地を買って家をつくっていく」という一連の流れの中で、唯一切っても切り離せない共通の課題があります。それが、やっぱり「お金」です。

土地の購入費用、設計費用、建築費用、その他にも間接費用としていろいろなお金が必要になります。融資を組むなら保証料や事務手数料も予算に組み入れておかないといけないし、登記費用や火災保険費用も必要になります。業者側から見れば、「かかった費用はそれぞれ払っていただきます」だろうけど、お客さんから見れば一つの財布ですし、少なくとも全体で数千万円単位になる人生最大の出費です。

今まで貯蓄してきた預貯金ですべて賄える方はほとんどいらっしゃいません。その原資に「銀行融資」を必要とする人がほとんどですから、金融機関とのやり取りも誰か精通している人が必要になります。その「お金」は誰が管理し、まとめるのでしょうか?

金融機関ごとにその特徴やメリット・デメリットが少しずつ違う「住宅ローン」という商品を誰が説明し、誰が段取りをするのか？　マンションや建売住宅など、でき上がった商品を購入する「売買」だけの業務だったら、それは当然、不動産会社の仕事です。

だけど「買って」「設計して」「家をつくる」となると、一貫して誰かが管理してあげないと、消費者であるお客さんに自己責任ですべてお任せすることになります。

「融資」のことは巻末の付録で説明するとして、結論として言えるのは、この三つの業務プラス全体の資金管理の話をわかりやすくまとめてお客さんに説明するという業種が、実は存在していないんです。

僕が目指す存在　住宅業界のジェネラリストの仕事

ここで、この本を読んでいる方にお聞きします。

あなたが注文住宅志向の方で、家を建てる土地から探していく必要があるとします。イメージ的には「土地を買って建物を建てる」。ただそれだけです。

そこであなたはどの業界の人に相談しますか?

希望の予算内で気に入った土地を探して買って、その土地に気に入った建物を建てて、いつ引っ越しできるようになるのかなどといった一連の流れと時期、そして実際の支払い額や税金の相談まですべてを一括して、その「全体像」をわかりやすく教えてくれる業種は、これまで説明してきた三つの業種の中にいると思いますか？

僕は、自分がこの住宅関連業界で働かせてもらっている立ち位置は、そこにあると思っています。ここまで書いた三つの業務プラス資金を含めた全体的な業務を、お客さんにとっての一つの窓口として自分がやらせていただいています。

だけど、いまだに自分のやっていることを一言で表す言葉を見つけられていません。先に書いた医療のたとえで言えば、「僕は内科医です」とか、「整形外科をやっています」とかって言えれば説明が簡単です。ただ「全部診ているんです」となれば、その先生のことを何て呼べばいいのでしょうか？

以前、沖縄の小さな孤島で診療所を開くお医者さんとその島の人たちとの日常を描いたテレビドラマがありました。今流行りの医療系ドラマとは違って、もっとホンワカした人間味のあるドラマでした。その主人公のモデルになった先生は、いわゆる「ジェネラリスト」と言われる総合診療の先生です。内科とか外科とか小児科とか、そんな細かい分野で区切っていたら、小さな島では患者さんに寄り添うことなんてできません。当然、そういう環境では患者さんの身体全体を、それこそ心のケアまで診てあげられる立場が必要になります。それが、医療の世界の「専門医療」という立場に対して存在する「総合医療」という意味合いを持つ職種です。

この章で書いてきたように、「暮らしのカタチ」に関わる業務もいくつかの専門分野に分かれていますが、そういう意味合いを持つ立ち位置が存在していないのです。僕らの前に来られるお客さんが抱いている夢や希望や悩みや心配にはいろんな種類があるのに、それに耳を傾ける相談相手がその内容ごとに変わっていては、お客さんが本当に必要としている答えは出せるのでしょうか?

大げさなたとえですが、僕は住宅業界の中で仕事をしていくのなら、この「ジェネラリスト」のような存在でありたい。漠然とだけど、そんなイメージを自分の仕事の中に含ませながら動き始めたのが、今から12年前でした。

そしてその役割は、子どもの頃から僕が本当になりたかった職業と実は重なるものがあるということを、このときから数年経ったのちに気がついたんです。

2 僕が住宅業界で見つけた自分の役割

僕が歩んだ経歴

テレビから不動産の世界への転身

1992年、今から27年前、自分のこの業界の経歴はいわゆる「不動産仲介業」から始まっています。25歳のときです。だけど自分はそのときまで、不動産の「ふ」の字も、営業の「え」の字も、想像したことすらありません。今とはまったく異なった業界に興味を持ち、そこで何かを創り出していくことしか、自分の将来設計の中に組み入れていませんでした。それがテレビ業界です。ただただ「ドラマをつくりたい」「脚本家になりたい」……それだけで学生時代を走り切っています。

その手の専門学校を出て、21歳のときにTBS系の音声プロダクションに入りました。台本を読み、役者さんの動きを追いかけ、口元に狙いをつけ、マイクを向けている日々でした。『渡る世間は鬼ばかり』『東芝日曜劇場』『雨よりも優しく』『十年愛』、そして佐野史郎さん演じる冬彦さんで有名になった『ずっとあなたが好きだった』などなど。毎日のようにドラマ制作の現場にいる音声スタッフの一番下っ端としての立場が、僕の居場所でした。

今でこそ「働き方改革」とかって言って、週40時間勤務やら、週休2日やらと上のほうからの指示で、何やら「働く」という意味すら変わってきているように感じますが、当時のあっちの業界では、残業200時間以上は当たり前、1日が24時間じゃ終わらないから、勤務表に書く終了時間は28時とか35時とかが日常的に流れる常識でした。

それこそ撮影でNG出したら殴られるわ蹴られるわ……で、今だったら一気に問題になっているでしょう。「セクハラ」といった言葉すら一般的ではない時代、「パワハラ」なんて言葉は生まれてもいません。だけど、そんな日常のすべてが自分の中での〝やりがい〟でした。

「今日は昨日よりいい音を拾おう」「今日は昨日より段取りよく準備をしよう」「放送される作品に少しでも役に立ちたい」と、毎日がその繰り返しでも面白いと思える日々でした。何より「台本」を読めること、その文字の先にある感情を読み取ることが自分の一番の勉強になったし、番組や作品、音楽を創り出すことに関わる人が生み出す空気が好きだった。きっと今の社会的な常識をモノサシにして見れば、ムチャクチャな環境だったのかもしれないけど、僕はその場所が何より好きでした。

だけど、そんな風にドラマの台本を読みあさり、そんな空気を吸い続け、数年が過ぎた頃、「将来は脚本家に……」と思って京都の田舎から上京してきたのに、「自分は人間を知らなすぎる」という感覚が自分を覆ってきました。あまりにも日常が仕事一色で、刺激を受ける人の色が同じような範囲で占められていることに気がついたんでしょう。同時期、自分は結婚をし、子どもも授かりました。

いろんな意味で自分自身を見直す機会だと思い、心機一転、ただただ「人間観察」を目的として営業の世界に飛び込んだんです。営業の世界ならいろんな人の〝色〟に接することができる、そう思っての転職でした。そのときは、いや、そこから10年以上経過するまでは、「50歳になったらテレビ業界に戻ろう」と真剣に考えての転職でした。

不動産営業に入った当時は右も左もわからず、ただ必死で上司の言うことを聞き、お客さんが口にする言葉を自分なりに消化して、いわゆる「物件紹介」をしていました。

今振り返れば、不動産営業っておかしな職業です。だって、出会って数時間のまだよく自分のことを理解もしていない営業職に、お客さんは自分の生年月日を伝え、源泉徴収を渡すのですから。

営業の世界ですから、会社が望むのは「契約」という成果のみです。ただ自分が目的としていたのは、「目の前の人をより深く知ること」という人間観察でしたから、お客さんから見ても他の営業とは少し違って映ったかもしれません。

こういう営業の世界で何が正解なのかはいまだにわからないけど、結果、そんな目的でお客さんの前に立っていた自分がそれなりの成果を残せたということは、自分の持っていた感覚が、当時の「営業」という世界でも間違ってはいなかったのかもしれません。

成績が上がると、その分収入も増えていきます。少しばかり得意げになっていた時期もあったことは否定できません。きっと、その2年ほどのちに出会った一組のお客さんの人生に触れなければ、自分の今は、まったく違ったカタチになっていたでしょう。

人生を変えた出会い　決して忘れてはいけない感覚

そのお客さん（K様）からの初めての問い合わせは奥さんでした。

その時代は、今のように誰とも会話することなく、ネットですべての情報が手軽に手に入る時代ではないです。新聞の折込広告や380円くらいで購入する分厚い住宅情報誌（今で言う『SUUMO』）が、家を探しているお客さんの知り得る情報源でした。SNSもインターネットもない、情報を得るには電話をするか、直接そのお店に行くしかない時代です。

当時はまだ、「不動産会社＝怖い」という空気が普通に流れていました。電話の向こうから聞こえてくる奥さんの、自信なさげで、少し注意深げに切り出す言葉の端々を微かに覚えています。

「広告に掲載してある物件のことを知りたい」。その言葉をきっかけに、名前、住所、電話番号を聞き出し、かつ会社に呼び込み、案内をする。ここまでが営業職に課せられた絶対的業務でした。物件の案内後、再び会社に戻ってきたお客さんを上司と一緒にクロージングする。そんな営業サイクルが毎週繰り返されるのが不動産会社の日常です。

だけど、当時からその絶対的業務を僕は勝手にアレンジして、自分なりの空気をつくってきていました。上司としては扱いづらい部下だったと思います。会社に呼び込むのではなく、そのお客さんの家に訪問する。それが僕の、勝手に決めていた営業手法でした。だって、その人のことをより深く知るには、その人の生活の中に入っていくのが一番消化しやすいから。そうして最初のお問い合わせから数時間後、僕はK様宅の玄関を開けていました。

社宅と思われるご自宅のリビングには介護用ベッドがあり、そこには鼻から管を入れて眠っている男の人がいました。その方がご主人です。

話を聞くと、すでに2年、奥さんが横になって寝ているのは狭いダイニングの椅子の上。ご主人の痰を取り除いてあげるために、床ずれがひどくならないように身体を動かしてあげるために、下々の世話をしてあげるために、24時間常に誰かが横にいてあげないといけないんです。

「筋ジストロフィー」という病名を、そのとき、僕は初めて知りました。徐々に徐々に筋肉が動かなくなっていく病気です。僕が初めて出会ったとき、ご主人がわずかに動かせる筋肉は指、そして瞼でした。問い合わせがきっかけで「お客さん」として初めて出会ったその方は、すでに余命数ヵ月の宣告を受けているご主人の世話をする奥さんだったんです。

奥さんの願いは、ご主人が生きているうちに〝自分の家〟を持たせてあげたい。それだけです。暮らしているのがご主人の勤めていた会社の社宅という関係上、本来は働けなくなっている時点で会社は辞めさせられ、社宅は退去になるところを、勤務先の配慮で休暇扱いのままですでに2年以上住まわせてもらっているとのことでした。

当然住宅ローンは組むことができないから、家を購入する原資は退職金の範囲であること。就職の決まった娘さんと高校受験を来年に控えた息子さんとの4人暮らし。その2人の子どもたちも、率先してお父さんの痰を吸い上げるのを手伝っています。そんな事情を、そんな風景を、初めて出会ったその日に僕は全部受け取りました。消化なんてし切れるハズもないほど、重い内容でした。

それから2週間。普段のように物件を案内することなどできるハズもない中で、僕はビデオ片手に下見をし、自分なりに薦められる物件の画像を持ってご自宅に足を運びました。何度か足を運んでいるうちに、ご主人は僕の存在を理解し、瞼の動きで「ありがとう」と言ってくれます。医療介護用品が進歩した現在のように、わずかな神経の動きを察知してPCのテンキーが動くような機械があるわけでもない時代。どうして言葉を交わすかというと、奥さんがご主人の耳元で「あいうえお　かきくけこ……」と50音を言うんです。それを聴いていたご主人が瞼を動かしたところの文字をつなぎ合わせて言葉にしていきます。

「あ・り・が・と・う」――この一言を伝えるのにどれくらいの時間がかかるか……。

不動産営業を始めてまだ2年ほど。成績が少し上がったくらいで、よくある勘違いをしていた時期。今、目の前にいるK様に、僕なんかが何をしてあげられるんだろう……、いや、僕なんかが仕事として関わっていいんだろうか……、何より、これも不動産営業がやる仕事なの？……って、その頃毎日のように悩んでいました。

「営業」という仕事が、「家を紹介する」ということが、これほどまでに重く感じたのは、後にも先にもこのときが一番でした。

そんなご主人、奥さん、娘さん、息子さんが見ている前で、僕は撮ってきたビデオを流します。自分なりに薦める理由と、そこで暮らしたときのイメージを伝えながら。

僕の説明を聞き終えた後、ご主人が「これにしよう」と瞼で応えてくれました。

それは、今暮らしている場所から考えたら、想像できないくらい不便な場所。だけど予算や、陽ざしの確保、間取りを考えたら、場所の不便さより、家そのものの中にある快適さを僕は優先しました。それは、これから会社通勤が始まる娘さんや高校進学を考える息子さんにはすごく不便で酷な条件でした。それなのに家族全員、いろんなものを一気に消化して笑顔で頷いてくれたんです。

奥さん、そして2人のお子さんにとって、家って何なんだろう？

本当にこの物件でいいんだろうか？

僕が関わってきた姿勢は、この家族にとって、本当にいいことなんだろうか？

契約の日の当日まで、何十回、何百回と、何度も何度も同じ自問自答が頭の中をグルグル回転しては、同じところを回り続けていました。

K様にその家をお引渡し、無事ご主人も一緒に引っ越しされて数週間後、ご主人は亡くなられました。朝日が差し込んでくる日当たりのいい角地の家。その光が集まる和室でご主人は数日間だけ過ごされたようです。お葬式に参列させていただき、四十九日が過ぎた頃、ご自宅にお線香をあげに行きました。

「朝早くから陽ざしが身体にあたっているのがわかるみたいで、嬉しそうにしていましたよ」

「ありがとうございます……」

そんな奥さんの言葉が聞こえてきた瞬間、落ちてきた涙を止めることができず、顔を上げられなくなったのを今でもはっきりと覚えています。それが確か27歳のときです。

あのとき、僕の目から流れ落ちた涙の意味は何だったんだろう？

ご主人が亡くなられたから？　奥さんがかわいそうに思えたから？

今でも、その答えが何だったのか、ときどき考えることがあります。

自分が関わった時間が、自分の仕事としての成果が、本当にK様家族にとっていいことだったのか？


それ以来です。

「住まう人にとって、そもそも家って何だろう？」

「不動産営業って、どうあるべきなんだろう？」

「今、目の前にいるお客さんにとって、自分は本当に役に立てているんだろうか？」

今も毎回毎回自分に問いかけています。きっとそれからでしょう。僕がこの業界で「成績」

や「個々の利益」だけを目的として普通に仕事をこなしている「営業職」という人たちとちょっと距離を置くようになったのは。

K様との出会いで感じた大切な感覚が、何だか変わってしまいそうに感じたんです。この感覚はなくしたくないと、自分で自分を守りに入ったんだと思います。

だけど、このときはまだ「創る」という世界のことを僕は何一つわかってはいませんでした。

自宅を創った経験　僕の仕切りが取り外された瞬間

僕が「家を創る」ことに対して本格的に参加したのは、おそらく16年前に建てた自宅のときだと思います。それまでも土地を購入してもらったお客さんに建築の話をすることはあっても、実際に職人さんと話すこともないし、建築に関わる材料費や人件費を知っているわけでもないし、全体の工程を組めるハズもありません。不動産営業をやっているときに、本腰入れて「創る側」である建築業界に携わろうとしたことはなかったからです。

自分のことを棚に上げて言うわけではありませんが、不動産仲介業が口にする「建築」に関わる話は、たいていこの程度です。リアルなことは何も知らないのに〝知っている風〟でみんな話しているものです。

それがいわゆる「丸投げ」という、この業界に当たり前に流れている悪しき習慣です。自分は営業だから現場は現場の人に任せればいいという、今思えば無責任な感覚です。

だけど自宅のときは、自分のことだからか、いろんな意味で現場に参加し、大工さんや職人さんとも話し、いろんな勉強をさせていただきました。特にそのときにお世話になった現場監督には、本当にいろんなことを教えてもらいました。僕にとって、建築に関わる最初の先生みたいな存在です。

間取りは自分で描いてみました。今思えば〝描く〟なんて作業ではありません。毎日のように不動産業務で見ている「建売住宅」や「中古住宅」の販売図面から自分の土地に合うプランを探して、ちょっとアレンジした程度です。その原案を設計士の方にチェックしてもらって申請に出しました。そんな安直な素人参加であっても、数ヵ月後、でき上がった家を少し離れたところから、なぜか腕組みして見つめながら、一人感慨にふけっていたものです。男って生き物は、こういう変な感情に入るときがあるんです。

京都の田舎から上京してきた身としては、都会で初めて根を下ろした瞬間だったんだと思います。

この自宅を創るという経験がきっかけになったのかわかりませんが、その後しばらくして僕は不動産仲介業という立場から、設計・施工まで含めた世界に入っていきました。
最初の頃はそれでもまだ「不動産業」と「設計業」「建築業」と頭の中で勝手に分けてしまい、全部が自分の仕事という意識が薄かったと思います。だけどそのうち、その感覚すら邪魔になってきて、僕の頭の中にあった仕切りがどんどん不要な壁として取り外されていきました。イメージ的には点と点でバラバラだったものが、線でつながれて一つの輪になったような感覚です。

最初の頃に書いていた内容で言えば、デジタル化していたものをアナログに変換することができたんです。音楽の世界だと逆の流れになるのでしょうが、このときは点を線に書き換えたんです。今思えば、きっとそれが〝全体〟を把握する感覚として僕にはしっくり来たんだと思います。

またそれは、そのときに自分が入った会社がそういう仕切りのない会社だったからこそできたことだと思います。一般的に言われる「建築業者」や「建売業者」では、ここまでいろんな分野での現場経験はできなかったと思っています。だけど、そうして〝全体〟を把握する立ち位置にいさせていただいておきながら、自分の中には決定的な違和感がずっと居座っていました。

それが「元請け・下請け」という言葉に代表される、いわゆる「縦割り社会」です

縦と横の違い　建築とテレビの似て非なるつくり方

建築業界には「元請け業」の直下に「下請け業」がいます。その下に「孫請け」「曾孫請け」と続きます。

元請けさんは、お客さんの前では「安心してください。私たちが責任を持って家をつくりますから」とか言っておきながら、実際に現場で家づくりに従事するのは「下請け」以下の職人さんたちです。

当然、実際にそうした家づくりの現場にいる方は、お客さんに会ったこともありません。「それでいいんだろうか?」と、自分はずっと感じていました。

家というものをつくるときは、数十社の専門職の職人さんたちが関わり合いながらつくっていきます。大工さんに基礎屋さん、足場屋さんに設備屋さん、シロアリ駆除業者に電気屋さん、メーカーに商社……と、ざっと20から25社が絡み合いながら家はつくられていくんです。

いわゆる「工務店」とか「建築会社」は、そのすべての職種の職人さんを社員として雇っているわけではありません。みんな下請けとして外部に「分離発注」しているんです。だからこそ、そのすべてをまとめる現場監督が必要なんです。

そうした中、ふと思いました。この組織図は、自分が最初に勤めていたテレビ業界に似ている、と。

現場監督であるディレクターを中心に、AD、カメラマン、照明、僕がいた音声、小道具に大道具、メイクさんにタイムキーパー……。みんなそれぞれの専門分野の仕事を、それぞれの立場でこなしていきます。その全体のまとめ役になっているのがプロデューサーです。

建築業界とテレビ業界、こんなにも構造は似ているのに、根本的な仕組みがまったく違う。それが「縦」か「横」かの違いだと気づくのにそれほど時間はかかりませんでした。

テレビ業界は〝横一線〟のチームになって、一つの作品を同じ目線でつくっていきます。みんながみんな、自分が関わっている作品がどんなものになっていくか、一つ一つ確認しながら全体像の完成を仕上げていきます。連続ドラマのような作品に携わったときは、ワンクール（週1回放送で3ヵ月、13回放送）が終了すると、出演者、スタッフともども打ち上げをして、また次の作品に入っていきます。

そうして完成した作品が放映され、全国の視聴者に配信されるところまで見ることができます。バラエティならテレビの前で笑っている人がいることを。悲しいドラマならそれを見て泣いている家族がいることを。つくるという作業に携わったすべてのスタッフが、見ようと思えば見ることができます。

それに対して建築業界は〝縦列〟の仕組みで、バラバラの時間に、それぞれの仕事だけをこなして次の仕事に移っていきます。大工さんも、基礎屋さんも、左官屋さんも、自分が関わってつくってきた家が完成した姿も知らないし、そこにどんな家族が暮らしているかも、詳しくは知らされていないんです。同じ「つくる」という仕事であっても、その目的と意味とそこに流れる空気がまったく違うんです。

ドラマづくりと家づくり。どちらも視聴者もしくは住まう人にとって、ともすれば人生に少なからず影響を及ぼすような大きな存在であるにもかかわらず、そのつくり手側の意識がまったく違うことに気がつきます。「それでいいんだろうか？」。まずはそこに疑問が走り始めたんです。

全部に関わる立場　プロデューサーが持つ存在意義

何より、テレビ業界には存在して、この住宅関連業界には存在しない立場がある。それが「プロデューサー」という立場でした。

「プロデューサー」という言語には「製作責任者」という意味がありますが、わかりやすくまとめると、「全部に関わる」ということだと思っています。作品がつくられていく過程におい

チーム「おいしいおうち」

て、そのすべてに関わり、理解し、把握しておかなければいけない立場です。予算も人の管理も現場のこともスケジュールも、その目的もです。そんな全体を統括して把握する立場が、不思議なことにこの不動産・建築業界には昔から存在していません。

僕自身がこの業界内に流れる空気に違和感を覚えたのは、この統括という立場がいないことにすべての原因があると思っています。

不動産業務から企画・設計、そして施工まで、お客さんにとっての「暮らしのカタチ」を創り出していく上で最初から最後の工程まで、一貫して窓口となる立場になるのと同時に、創り手側すべての管理者でもあり、つなぎ役になろうと今の立場を少しずつつくってきました。

そんな創り手側でつくったチームがあります。

ここには施工班となる仲間だけじゃなく、設計班の仲間もいます。いろんな情報を届けてくれて、一緒にプロジェクトを企画する不動産業の仲間もいます。それに登記関係で手伝ってくれる司法書士や土地家屋調査士、保険のおばちゃんもいます。

ここにいるみんなは「元請け・下請け」の〝縦列〟の関係は意識せず、〝横一線〟でつながっていける仲間たちです。正確には「そうなっていきたい」と僕の考えを伝え、その意識に共鳴してくれた仲間たちです。正直、このチームづくりが一番難しいです。それほど根深い、僕にとっては悪しき空気が、まだまだこの業界には普通に流れ、居座っているのが現実です。

だけど、僕がイメージしているような一体感のあるチームがつくれたとしたら、きっとそのチームはどんな大手ハウスメーカーよりも、お客さんを安心させてあげられるだろうし、どんなに魅力的な宣伝広告を出している工務店や不動産屋よりも、お客さんに家創りそのものを楽しんでもらえる時間を創り出せると思っています。

「暮らしのカタチ」を創っていく時間をそんな風に変えていけるチームのことを、僕は「おいしいおうち」と称して、今から10年ほど前に発信するようになりました。

一生にそう何度もない「家創り」という時間が、お施主さんにとって不安がなく、わからないことはどんな話題もどんな角度からでも相談でき、それをわかりやすく説明できる立場として、医療業界でいう「ジェネラリスト」のような存在が必要であり、そういう立場に自分がなろうとしています。

そして、点と点でバラバラになっているそれぞれの業務を線でつないでわかりやすいプロジェクトにしていく「プロデューサー」のような立場にも、自分はなりたいと思っています。「ジェネラリスト」という言葉も「プロデューサー」という言葉も、何だか華々しくて自分には似合わない表現だと思っていますが、それに類する職種がこの住宅関連業界にはないんです。

そしてまた、今まで関わらせてもらったお客さんの言葉をお借りすれば、自分のような立場がいて「助かった」らしいし、「わかりやすかった」らしいし、「安心」だったようです。僕も自分のやっていることを客観的に見てそう思います。それは冒頭に書いたように、住宅関連の業界だけじゃなく、社会そのものが分業化されすぎているし、誰もその業務に関わる全体像を俯瞰でわかりやすく説明できる人がいないということに、消費者の方も少しずつ気づき始めているのかもしれません。

お客さんにとって何が一番安心につながるのかをお客さん自身の目線になって考え、仕組みをつくっていくこと。たぶん、それがこの住宅関連業界での僕の仕事です。

3 僕が創っていきたい「暮らしのカタチ」

僕が目指す家「House」より「Home」への強い想い

前節で、少しでも僕の仕事やその考え方について理解していただけたでしょうか？ ここからはさらに、僕が創っていきたい「暮らしのカタチ」について話していきます。

皆さんも知っている通り、家という言葉を英語で書くと「Home」と「House」という二つの単語で表現されます。

皆さんはこの二つの言葉が持つ意味の違い、わかりますか？

簡単に言えば、そこに〝人の想い〟が重なっているかいないかという違いです。

そこに人が住んでいるということを前提とした家のことを「Home」と言います。もう少し広い意味で、「自分が安心できる場所」とか「家族との触れ合いがある場所」という意味まで含んでいます。

だから「家」という構造物に限らず「家庭」とか「ふるさと」のように安心できる存在になっている場所のことを「My Home」とか「Hometown」と表現することから見るとわかりやすいかもしれません。

もう一方で、住んでいるとかいないとかは関係なく、ただ建物として表現するときの家のことを「House」と言います。

そういう意味で捉えると、戦後70年余りの間、この国でカタチづくってきたのは、その大部分が「House」だったのではないでしょうか？　経済優先で突き進んでいく中、大量に市場に押し出していかなければいけない状況下で、そこに住まう人の想いにリアルに耳を傾けながら家をつくるという時間軸を確保するなんて到底無理だったハズです。

結果、つくり手側の利益を最優先にした商品としての家が提供され続けてきました。そうしてつくられてきた箱の中に、住まう人は後づけでそれぞれの想いを重ねてきたんです。うがった見方をすれば、つくり手側が「家族」という単位の社会をコントロールすることができた時代が、この70年間続いてきたことになります。

僕が知りたいこと

お客さんが願う「暮らしのカタチ」

不動産仲介業のみに携わってきたときに、ふと頭の中をよぎった疑問がきっかけで僕は住宅関連全般の業務に関わる立場に舵を切りました。それは「家っていつから買うものになったんだろう？」という素朴なものです。

仲介営業の中で出会うお客さんはみな一様に「いい物件を買いたい」と言います。「年齢を考えるとそろそろ買い時かな」とか、「ずっと賃貸で暮らしてきて毎月払う家賃がもったいないから、気に入った家があったら買いたいんですけど……」とか。

最初の頃は何の疑問もなくその会話を続けてきましたが、いつの頃からか「買う」という言葉に引っ掛かりを感じ始めました。同時にどうして「つくりたい」っていう希望を持ったお客さんとの出会いが少ないんだろうって思い始めたんです。

その理由の一つは（今思えば当たり前ですが）、そのとき僕が「仲介業」だったからです。一般の消費者目線で言えば、当然、目の前にいる営業職にお願いできることは「売り買い」だけだと解釈しているからなんだと思います。

じゃあ、このまま仲介営業という肩書だけで時間を費やしても、いつまでたっても「つくりたい」っていう希望を持っているお客さんに会えるわけがない……。そう思ったのが、売買の世界からつくる側の世界に入ってきたきっかけです。

このように消費者であるお客さん個人個人が意識するわけでもなく、当たり前のように分業化された市場に合わせて、その質問や相談事も区別されていきます。そう、冒頭に書いた専門医療の世界でいう「内科」と「外科」と同じようなものです。お腹が痛いと言って内科に行った患者さんが、目の前の先生に捻挫した足の話をしないのと一緒です。それではお客さんが求めているニーズの全体像がわからないままになってしまいます。

そう思って立ち続けた今の立ち位置には、「暮らしのカタチ」に関わるさまざまな相談が、市場の分け隔てなく集まってきます。

だけど、僕が最初に知りたいのは「つくる」でも「買う」でもなく、「お客さんが願っている『暮らしのカタチ』はどんなもの？」というシンプルなことだけです。そこにどんな想いが乗っかっていて、その先にどういうイメージが膨らんでいるのだろう……って、それを知りたいんです。「つくる」とか「買う」っていうのは、あくまでそのイメージをカタチにしていくための手段であって、どっちにするかはそこで交わされる会話の中で最善と思われるものを選んでいけばいい。極端に言えば、家なんて何も「取得」しなければいけないものとも限らないとも思っています。

僕のこだわり　住まう人の顔を見ながら創る過程

僕は今、さまざまな「暮らしのカタチ」を創ることに関わらせていただいていますが、そういう意味もあって「建売住宅」をつくる仕事には率先して関わろうとはしていません。単に事業者（不動産業者）が利益を得るための商品としての家づくりには、あまり興味が湧かないからです。

だけど、事業者さんの中にはとことん住まう方目線で家創りに関わっている会社も少ないですがあります。そういう事業者さんからお声をかけていただければ、喜んで一緒に家創りに関わらせていただきたいと思っています。

僕が今のこの立場にいて大切にしていきたいのは、そこに住まう人の想いにリアルに触れるかどうかなんです。だから「House」ではなく、とことん「Home」を創ることに関わっていきたい。正確には住まう人と交わすその時間そのものに関わりたいと思っています。

だけど、この理屈って現実的な市場から見れば、「それほどこだわらなくてもいい話なんじゃないの？」と思われる方もいらっしゃると思います。だって、そういうこだわりはつくり手側の話であって、買い手側のお客さんから見れば、どんな建売住宅だって気に入って購入すていくわけですから。「想いが重なっていくのが家をつくった後かつくる前かだけで、結局一緒でしょ?」って思うだろうけど、そのつくっていく過程でそこに住まう方の想いが重なっている家か、そうでないかが長い時間軸の中では、結構大きく影響するように個人的には思っています。

「建売住宅」そのものを否定しているわけではありません。

少し話の軸がそれますが、よく消費者の方の言葉に耳を傾けていると、「建売住宅は質が悪いし……」という声が聞こえてくることがあります。「だから建売を買うのではなく注文住宅で建てたいんです」と。

ここでハッキリ言っておきますが、建物に使っている材料や性能が「建売住宅は注文住宅に比べて劣っている」ということは、僕の知っている限り事実ではありません。

確かに建売住宅は「規格化」されていて、ある程度その仕様とプランに制約があることは事実です。それに対して、お施主さんの予算や希望次第で建物仕様やプランを組み立てていくのが注文住宅です。でも、建物の質とか素材が劣っているのが建売で、優れているものを使用しているのが注文住宅というわけでは決してありません。当然どちらも建築基準法に則って、厳しい行政の検査も受けながらつくっていきます。

結局のところその違いは、つくる過程で住まう人の顔が見え、その人が願う「暮らしのカタチ」がわかり、その人の声をつくり手側が聴きながらつくられた家かどうかだけです。でき上がった家そのものに違いがあるのではなく、その過程が異なるだけなんです。そこにあるのは、この本の最初に書いたように、デジタルとアナログの違いと同じなんです。僕はこの違いが、その後の「暮らしのカタチ」そのものを変えていく、一つの要因になっていくと考えています。

当然ですが、この住まう人の顔を見ながらつくるということは、つくり手側の姿勢も変えていきます。設計側としては壁一つ、扉一本つけるだけでも、そこに住まう人が希望する暮らしをイメージして描きますし、施工側も建築途中の現場清掃から近隣の方に対しての対応まで気を配り始めます。

工務店によっては建てる家が建売か注文かで、その現場に関わる大工さんや各職人さんを変える会社もあります。それは施工方法や技術の違いではなく、施工現場に流れる空気の質が異なるからです。「効率化」を図り、「利益」を最優先にした建売住宅の現場には、そこに住まうお施主さんとのコミュニケーションがそれほど色濃く存在しません。事業主という「元請け」から降りてくる指示をできるだけ効率よく淡々とカタチにしていくだけです。

だけど一般のお客さんがお施主さんとなる注文住宅の現場では、なかなか思うように進まないこともあります。そこで現場として必要になってくるのが柔軟な対応力と気配りです。お施主さんと交わされる生の会話と、そこに費やされる時間が、家そのものがまとい始める価値そのものまで変えていくのです。

僕が描く間取り　脚本のように入れ込むストーリー

ここでは、「間取りを描く」役割である設計会社としての立ち位置から見た話をしていきましょう。

注文住宅として創っていく「暮らしのカタチ」には、そのプランそのものにちゃんとした展開を持った「物語（Story）」が加わります。やっぱり将来は脚本家になりたいと思った時間がそういう感覚を持たせるのでしょうが、僕にとって「間取りを描く」ということは「脚本を描く」のと同義なのです。そこには意外と物語としてのちゃんとした起承転結があるし、スポットのあたる見せ場もあるし、次回を期待させるようなエンディングもあるんです。

住まう人が車好きの方ならそこに見せ場を持たせた物語ができていくし、ペット好きの方ならそれ相応の動線を考慮したドラマができていくでしょう。そこに住まう家族、また訪れる友達の数はドラマに出演するキャストと同じです。2人で掛け合う物語もあれば、5人家族で紡いでいくストーリーもあるでしょう。中にはゲストも呼んで、ご両親も一緒に慌ただしい毎日

家に帰ってきたとき、一番最初に目に映るのは愛車。車好きならそんな想いはみんなあるんじゃないですか？だから、ここに開口をつけることはすごく大事なんです。

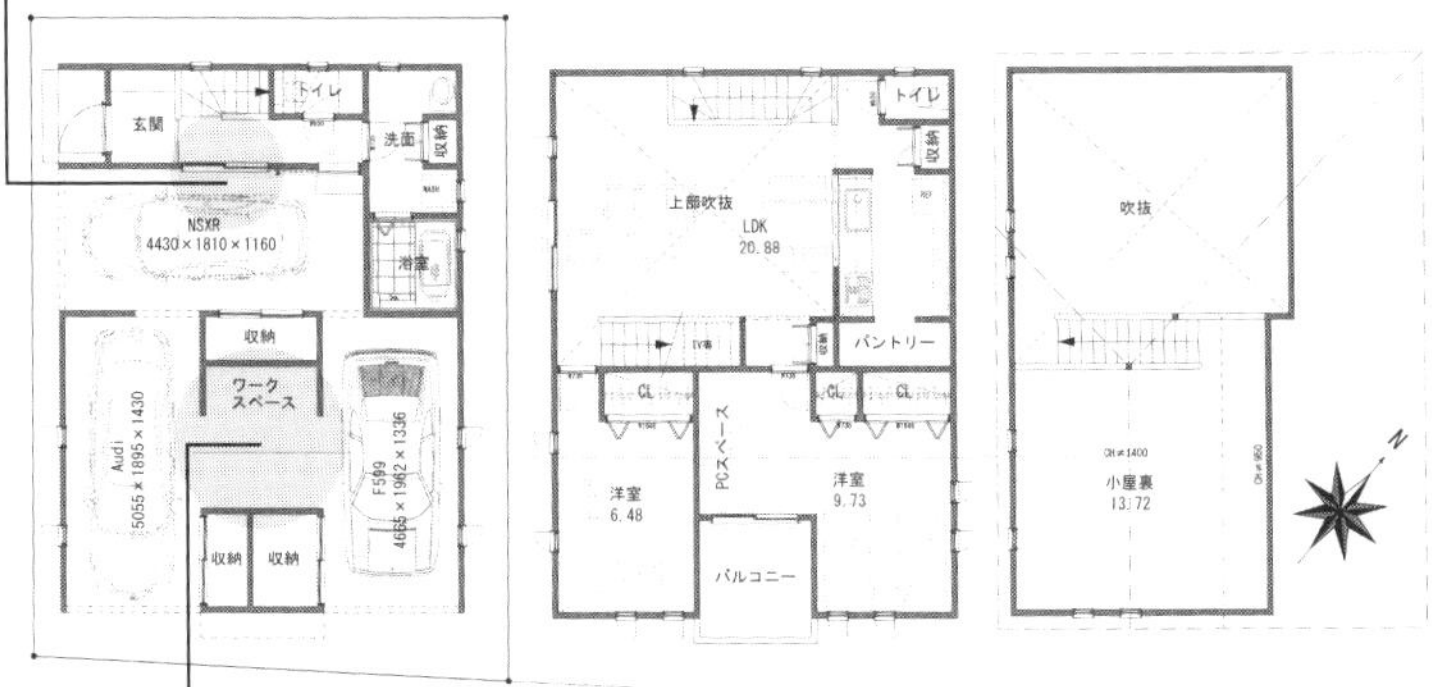

作業する空間、誰かと語り合う空間、いろんなものをしまっておく空間。そこにいる時間が何よりも楽しい。そんな想いをカタチにしてみたプランです。

愛車と暮らすガレージハウス（大倉山の家）

敷地面積 110.61㎡

延床面積 148.92㎡（うち車庫床面積58.30㎡）

テラスでつながる3世代住宅（南万騎が原の家）

敷地面積 196.92㎡　**延床面積** 156.51㎡

家族みんながつながるテラス。街の方とのコミュニケーションもこのスペースがつなげてくれます。みんなの顔がいつも見える。みんなの声がいつも聞こえる。そんな暮らしのカタチをイメージして創ったプランです。

少しでも畳があったほうが落ち着くでしょ？

が流れていくドラマもあるでしょう。店舗を兼ねた住空間でお客さんと毎日言葉を交わす時間だって、暮らしの中のワンシーンに必要な方もいるでしょう。

どれもこれもが、そこに住まう方々が主役になる物語です。「注文住宅」ならそれができる。いや「注文住宅」でしか、そういう物語は描けません。きっと家族の数だけドラマはできるハズなんです。だけど、「建売住宅」でつくるドラマはみんな出演者の数が決まっている、一辺倒なホームドラマばかり。お父さん、お母さんと2人くらいのお子さんがいる核家族を描いたドラマばかりです。

自動車産業でも、乗る人のスタイルに合わせて、いろんな種類の車が販売されています。2人乗りのスポーツカーもあれば、家族乗りのセダンもあれば、ワゴンもある。アウトドア好きにはそういう車を、高級志向の方にはそういう空間を持ち合わせた車があります。

アパレル業界だってそう。ラフなスタイル、かわいらしい服、ちょっと着飾ったしつらえもあれば、着物のような和もある。飲食だって同じでしょう。ファミレスもあれば、喫茶もある、パン屋もあれば、カレー屋もある。さまざまなニーズ、さまざまな暮らしに合わせて、発信されています。

だけど建売やマンションを主とする住宅業界だけは、そのバリエーションが少ないんです。みんな核家族用だし、みんな規格化された様相をしています。先に書いた車にたとえれば、みんなセダンばかりなんです。「多様性の時代」とか言われながら、こと商品として生み出されていく住空間に至っては、そこに入ることのできる家族構成はみな〝画一的〟なものばかりです。多少差別化を図ったとしても、色がつくのは見た目や素材くらい。すべては事業者側の売上につながる生産性と効率を高めるためにつくり出されてきた商品ばかりです。

売買に関わる不動産仲介業の立ち位置から見ても、この住宅業界の偏り方が見て取れます。例えば、仲介の営業トーク。その押しどころは「初めて公開する商品」とか「どこも出していない当社だけの情報（未公開情報）です」とかの〝目新しさ〟をウリにするトークか、「価格を下げました！」という何も工夫されていない宣伝のみ。そこにはその家でつくることのできる「暮らしのカタチ」の話題なんてどこにもないです。これがこの業界が昔から変えることのできない商品を発信するときの姿カタチです。

前にも話しましたが、そうした背景が70年以上続いてきた今、そこにはおじいちゃん、おばあちゃんはいません。当たり前のように各部屋が区分けされた3ＬＤＫ、4ＬＤＫのプランを見て、当てはめられる家族構成は自ずと決まってきてしまいます。そうして夫婦と子どもだけで構成される「核家族」という単位が「暮らしのカタチ」の中で普通となり、今に至っています。この流れが「少子化」という問題に直結している一番の原因だとは言いませんが、少なくともその一つにはなっていると僕は思っています。

僕が関わらせていただく「暮らしのカタチ」は、こうした流れを少しでも変えていくきっかけになるようなものにしていきたいと思っています。この国の今を見て、これからの風景を想像したときに、今まで普通としてきた暮らしに危機感を覚えている方も少なからずいらっしゃると思います。

これからの「暮らしのカタチ」をどう変えていけばいいか。僕なりの考えを次の第3章の中で具体的に書いていこうと思います。

4 僕が考える仕事の在り方

僕の仕事観 誰かのためになるという価値基準

「暮らしのカタチ」をどう変えていくかについて話す前に、もう少し僕のことを話させてください。

社会人になって働き始める前から、僕はいろんな「仕事」をさせてもらっています。

今では考えられないことですが、僕は小学校2年から中学校2年のときまで新聞配達をしています。今思えばどうして小学校2年から「仕事」をしていたのかはわかりません。先にも書いたように兼業農家ですから食べるのに不自由した記憶も、ありがたいことにないんです。

小学校の5年間は生まれ故郷である村の中の約53世帯分ほどの夕刊を配っていました。夕方5時くらいになると、村の中にある作業場に置かれた新聞の束を持って一軒一軒歩いて配ります。遊んでいても、多少身体の調子が悪くても、雨の日も、雪の日も、この日課だけは続けていました。当然、村の大人たちにも自然と声をかけられます。振り返ると、その毎日を辛いと感じた記憶がほとんど残っていません。残っているのは、「僕が配らないと、この新聞を読めない人がいるからやらないといけない」という思いだけでした。

今思えば大した子どもだな……と自分のことながら感心してしまいますが、当時はそれを「仕事」と思ったこともなかったハズです。その新聞配達でいただくお金が確か毎月6000円か7000円だったことを覚えています。ただそれは封筒に入ったまま母に渡していました。それを母が貯金してくれていたのを知ったのは、大人になってからです。それくらい当時はお金が目的ではなかったんでしょう。

そんな幼少期の育ち方からか、自分が働く理由は「誰かが喜ぶから」という目的があるかないかというのが根っこにあります。

中学生になってからは、隣町に行って自転車で朝刊配りをしました。約120軒ほど。この歳になると、目的はお金だったと思います。そんな環境だったからか、子どもの頃から「お小遣い」というものを親からもらった覚えがありません。「これ買ってきて」と言われてお金を預かり、お店に買い物に行って、そのおつりをもらったりはしていました。親にしてみれば、きっとそれは今で言う仕事の〝対価〟だったんでしょう。

高校を卒業して関東に出てきてもいろいろ仕事はしました。土木建築や引っ越し業などの日雇い、セブンイレブンやケンタッキーなどの接客業、そしてもともとテレビ業界志望だったので、新宿センチュリーハイアットでの結婚式などのイベント照明や映画のフィルム会社でのフィルム清掃もしました。

いろんな仕事をしましたが、時給を気にしてやった仕事は一つもないと思います。自分が動くことで明らかに喜んでくれる人の顔が見られるかどうか。接客業のように直接お客さんが見えればいいけど、その顔が一緒に働く人でも良かったんです。だから映画のフィルム磨きのときだけは、その感覚を得るのが難しくて悩んだことを覚えています。

テレビ業界で働きたいと子どもの頃に思ったのも、当時のドリフターズの『8時だョ！全員集合』を見て家族みんなで大笑いする時間や、『横溝正史シリーズ』の恐怖ドラマを見て一人でトイレに行けなくなったこととかを客観的な視点で見ていました。「こんなにも僕らを笑わせたり、怖がらせたりする番組をつくっている人はすごい」と。

今のように個人個人がスマホ片手に、見たいものを見たいときに見たい場所で見られる時代ではありません。当時テレビは箱型のブラウン管で、茶の間に1台あっただけです。そんな箱の前に、その時間になれば70歳のおばあちゃんも、40代の両親も、小学生の自分や兄弟もみんな揃って、同じように笑い、怖がり、感動しているんです。

今思えば、そんな環境だったからこそ得ることができた感性もあると思います。演じている役者さんとかがすごいと思ったのではなく、「それをつくっている人たちになりたい」と真剣に考えていたのが小学校5年くらいのときだったと思います。

先にも書いたように、「仕事って誰かのためにするもの」という僕の価値基準はこうしてでき上がっているんだと思います。何か自分を特別視しているような言い方に聞こえるかもしれませんが、それもこれもみんな含めて「自己満足」のための方法であり、今で言う「承認欲求」としての一つの表れなんです。そう、誰もが等しく持っている欲求の一つです。

ただ、そのエネルギーを主として誰かに喜んでもらうために使うのか、主として自分のためだけに使うのかの違いです。

それが今の「働き方」というテーマで書かれている記事を読む中で、いつも僕が感じる違和感の正体なんだと思います。

働き方改革の怖さ

仕事の意味がなくなる危険性

この国の偉い方たちは「働き方改革」とかってタイトルで、何か革命でも起こすかのような発信をしています。それと同時に、テレビでは率先して「転職」を促すような内容のCMが頻繁に流れ始めました。こうした発信の仕方に極度の違和感と危機感を覚えます。

今までの歴史が繰り返してきたように、誰かが意図的にそこにいるすべての人をある一定の方向へ仕向け、その志向を持たせるような空気を流し始めているのではないかと、僕は感じてしまっています。

しかしながら、この国は「少子高齢化」へ進んでいく急激な坂道をブレーキが利かなくなった車に乗って下り始めているのが現実です。「そんな現状に、どうしてなっていったのか？」という根っこにある議論をせずに、〝とりあえず〟の策としてさまざまな発信を始めています。

今回の「働き方改革」もその一つなんでしょう。

だけどこの改革、一言で言って「働く」ということの意味を「時間」という単純な単位で簡単にわかりやすく区切ってしまおうという内容のものです。

第1章の中でも書きましたが、戦後間もない頃のこの国が、人を単純な労働力という価値観でしか見なかった時代。その人の個性や持っている能力ではなく、「労働力＝人＝時間」というモノサシで推し量っていた時代。その時代に流れていた空気と今の空気はひょっとして似ているのかもしれないと思ってしまいます。

だけど空気は同じでも、世の中の状況はまったく異なります。70年前はすべてが焼き崩れて何もなかったところから上だけを見て動き始めた時代です。だからこそ経済成長の旗印を国民全員が貪欲な気持ちで望み、ひたすらに突き進んできたんです。そんな空気の中で人と人は手をつなぎ、家庭を持ち、子どもが生まれ、家族になり、そうしてできた大切なものを守るために家を持ったんです。

だけど、今はどうでしょう？

何もかもが手軽に手に入るような便利な時代。他の国から見ても「最も幸せな国」として見られていたときを経過して、僕らは知らないうちに何か大切なものをなくしてしまったのかもしれません。その〝何か〟が、今の世界的に見ても極度に危険な「少子高齢化」の社会にしてしまっているんだと、僕は思っています。

結果、経済を支える労働人口が減っていく。当然今後、消費も減っていくのは目に見えています。そうなると、いわゆるお金が動かない。お金が動かなければ企業も立ち行かなくなる。

そこで辿り着いたのが「同一労働同一賃金」という企業側から見たら、非常に計算のしやすい社会構造への移行です。

1日24時間を3分割した時間の単位で区切ることで、一つの仕事にどんどん人を投下していける前提ができ上がります。労働人口が減ってきても、個々の能力を問わなければ、あくまで「労働力」としては換算できます。

これは、この国の偉い方にとってすごく魅力的な成果を上げることにつながるんです。それが「失業率の低下」と「就業率の増加」です。世の中では、景気を数値化して表しますから、この二つのパーセンテージを操ることはすごく意味があることなんでしょう。

冒頭から書いている極度な「分業化」も、仕事を細かく縦割りにすればするほど、仕事の内容は単純作業の繰り返しになり、企業側としては万一のときにすげ替えが利きます。それこそトラブルが起きたときに企業側に課せられる責任も、細分化した組織形態の中ではぼやけていくので、都合がいい話になっていくわけです。

そういう風に捉えると、昨今何となく合点のいくニュースがいっぱい流れていることに気がつくでしょう。そして、そこにＡＩ（人工知能）の登場です。

すでに建築業界での現場作業にもＡＩが活用され始めています。家の材料となる木材のカットなんて、もはや人が手をかけてやってはいません。大手企業が行う一部の現場では、材料を吊り上げるクレーンも、土を運ぶトラックも、その操作をＡＩがやってくれています。「働き方改革」により、人が働くことが週40時間で縛られた結果、週5日勤務して2日は休むというシフトが確立します。

建築業界はずっと、「この改革を遵守するのはまだ難しい」と言ってきましたが、一転して風向きが変わりました。その結果、大手ハウスメーカーなどは、率先してこの改革を遵守しないといけない立場になっています。じゃあ大手が取り仕切る建築現場は週休2日になるのかと言うと、それでは工期が守れません。そこで、その間をAIが賄ってくれます……と、いつかの新聞に書いてありました。

昔、「棟梁」と呼ばれた職人さんの手作業でしかつくることのできなかった住宅は、今やこうしてAIがその代わりを務めようとしています。

今、僕が感じている違和感と危機感が辿り着く先にある一つの答えらしきことを一気に書き綴りましたが、もしここに書いたことが現代の実態であれば、「働く」ということはいったいどういう意味を持つのでしょう？　ただただ自分の最低限の生活費を稼ぐための手段でしかないのでしょうか？

僕はそんな意味しか持たない「仕事」であれば、やり続ける必要はないと思っています。働くってことは、まず第一に自分以外の誰かのために行動するものでなければいけないと思っています。小学校の頃に自然と身につけてしまった、僕の中にある絶対的な価値基準です。少なくとも、「暮らしのカタチ」を創る側の者はそうでなくてはいけないと思っています。僕らは常に、そこに住まう人のために、またまわりでカタチづくられていくコミュニティのために、自分の時間を費やしていかなければいけない職種だと思っています。

そしてそれはできるなら、人にしかつくれないものであり、時間でありたいと思っています。住まう人の個性とつくり手側の個性が掛け合わさって、みなそれぞれ特徴を持った暮らしができ上がっていっていいと思うんです。コミュニティを軸に置いた協調性と調和さえ忘れなければ、そのほうが住まう人の分だけの暮らしに彩りが加わります。

僕の居場所　人の感情を見つけてカタチにする仕事

つくり手側という表現を何度か使ってきましたが、僕はその表現にもしっくり来ていません。うまく言えないですが、僕が創っているのは家という「もの」ではなく、そこに流れる「時間」のような気がしているからです。時間と一言で言っても時を刻む正確なタイムのこととは少し違います。うまく言えないですが、もっと感覚的なものです。

よくある話だけど、電話で話をしていて、相手が「少々お待ちください」って保留にしたとき、その待っている時間は同じであるハズなのに、待たせている側と待っている側ではまったく異なる長さを感じるものです。それは機械ではわからない人間にだけ感じることのできる感覚なんです。

これからますます人間の代わりとして、社会でのＡＩの存在感は増してくるでしょう。それは同時に「働く」という意味、「仕事」という意味すら変えていくハズです。そういう視点で数十年後の社会を想像してみてください。

そこに自分でなきゃいけないという居場所は残っていますか？　今を生きる僕らは、こんな時代になってしまった今だからこそ、人間にできて機械には決してできないことをキチンと見極めておく必要があると思うんです。

ひょっとしたら、今自分が立たせてもらっている居場所は、人間にしか立つことのできない場所なのかもしれません。ＡＩの持つ知性がデジタル信号で成り立っているとしたら、それはただ一点としての今しか捉えられないハズです。流れるような動きを可能にしているように見えて、それはあくまで点と点を細かくつなぎ合わせているだけです。

だけど、人が持つ知性や感性は違います。現在を点ではなく、未来と過去を同時に含んだ空間として捉えることができます。だからこそ僕はお客さんと「暮らしのカタチ」の話をするときに、どんな風にしたいかだけでなく、今までどんな暮らしをしてきたかも一緒に聞きます。

そうして厚みを持たせた話題の中に、その方が抱くこれからの希望や、その想いにつながってきた過去の記憶が含まれていき、その中に本当の心の動きが見えてくるんです。

僕の仕事はきっと、それを見つけることからしか始められないんです。至ってアナログ的な感覚のままです。それを僕は実際の創り手である「おいしいおうち」の仲間たちに伝えていきます。確かにみんなはそれぞれの専門職の集まりで分業化されています。その一つ一つの点を、僕はここでも一つの線としてつないでいきます。

だけどまだ今は、つないでいく僕自身の未熟さのせいで、仲間一人一人に、そこに住まう人の想いをキチッと伝えきれていない自分がいます。

それがこれからの僕の課題だと感じています。

第 3 章

「暮らしのカタチ」を変えて未来を変える

1 僕の中にある「暮らしのカタチ」の源流

僕が育った家　外と中をつなぐ縁側のある暮らし

この章では、さらに「暮らしのカタチ」を掘り下げていこうと思います。そこでまず、僕の源流となっている「暮らしのカタチ」からお話しします。

京都府北部の田舎から関東に出てきて、今でこそこの業界に関わっていますが、最初の頃は住環境そのものが違いすぎて戸惑いばかりでした。

山と田んぼと畑と川、そんな自然に囲まれた家が僕の生まれ育った場所です（136ページにいくつか実家の写真を載せました）。

2階はありません。だからバルコニーというスペースも、今の仕事についてから知ったくらいです。留守のとき、誰かが入ってくることができないように閉ざすカギも、全部の窓についているわけでもないし、正直閉めた記憶もないです。

当時はそれが当たり前の暮らしだったので、そこに違和感もなかったですが、今こうして神奈川に暮らしていると、確かに田舎の暮らしって周囲の人に対して危機感を持っていないんだよなって感じます。

庭先に続く場所には「縁側」があり、そこにいると誰かが声をかけてきて自然と会話が始まります。住宅に関わる今の仕事をしていると、「縁側」という場所は家の中と外をつなぐ場所だったんだってことに気づきます。

それも「玄関」のような出入口としての意味だけを持つ空間でもない。中間的な、それこそ誰もが気兼ねなく行き交う居心地のいい空間です。都会にはそういう空間がないということも、この仕事を始めた頃に覚えた違和感の一つです。

そう、田舎にある「暮らしのカタチ」は、都会の家のように家の中と外を明確に区切っていなかったんですね。たいていの家の玄関は広く確保されていて、靴を脱がなくてもゆっくりと長話できるくらいの空間がありました。縁側や土間が家の中と外をつなぐ空間になり、それぞれの家の庭先が街全体の風景に彩りを持たせていました。街（村）の中にはこうした「一緒に暮らしていく」という空気が自然と流れていたんだと思います。

僕の中に生き続ける原風景

祖母の死
家の中で人の命が消えていく体験の意義

京都の実家は築後150年以上経過していると言われる昔ながらの平家で、今でこそリフォームをして台所は床の上にありますが、僕が小学校の頃までは母が料理をする場所は土間にありました。

家の中には8畳の仏間があり、間続きで8畳の客間があります。境にある襖を全部開ければ16畳大の大広間ができ、小さい頃のお正月には親戚や村の人が30人くらい集まって騒いでいたものです。

兼業農家ですから、母も父も休みなく働いていました。ゴールデンウィークは家族総出で田植えだし、稲刈りの時期になると、朝夕とも毎日のようにモンペ姿の両親が籾摺りをしていて、一緒にご飯を食べることも少なかったように思います。

都会の人には信じられないでしょうが、秋の稲刈りの季節には、稲穂を飛び交うイナゴを獲って炒って食べたりとか、蜂の子、ザリガニも食べていました。春の田植え前には水を張った田んぼからタニシをいっぱい獲ってきて煮たりもしていました。

農業の変化でイナゴもタニシも今では見ることも少なくなってきた昨今、その風景の変化に少し寂しさを覚えたりもします。

母も父も朝早くから田んぼや畑で働いて、朝ごはんを食べたら会社へ仕事に行き、夜に戻ってきたらまた田んぼに向かいます。そんな小さい頃の僕はいつもおばあちゃんと一緒にいました。仏さんに一緒にお参りするのが日課で、お経も見よう見まねでおばあちゃんの口にそろえて唱えていたくらいです。そんな環境の中で身についたんでしょう。感謝するときやご飯を食べる前には必ず「手を合わせる」という習慣が今でもあります。

そんなおばあちゃんが亡くなったのは、いつも寝ていた場所でした。いわゆる、「最後は家の畳の上で……」という、今ではすっかり見なくなった最後の風景です。

病院の先生が家に来て、脈を測り、家族の目の前で亡くなったことを告げ、おばあちゃんの顔に白い布がかけられ、棺の中に入れられ、葬式は家で行いました。一通りの式が終わって、棺は縁側から外に出たんです。そう、僕の中に子どもの頃に刻み込まれた普通の感覚。人の命が消えてしまう場所は、それまで暮らしてきた家なんです。

父の存在　自然と向き合ってきた背中の思い出

週末は家族で旅行に行ってとか、みんなで外に食事に行くとか、そういう思い出が子どもの頃の記憶にはほとんど残っていません。それを不服に思ったこともないし、そんなのは当たり前だと思っていました。

世の中にある怖い存在のランキングで、今でこそ言わなくなった「地震、雷、火事、親父」っていう諺があるけど、子ども心に「うまい言葉をつくる人がいるなあ」って思っていました。だってその通りの父だったから。

毎日のように怒りまくって暴力をふるうという意味ではないですが、2回ぐらいはいわゆる〝ちゃぶ台返し〟を体験しています。夕飯のとき、怒った父がそれを見せてくれました。恐怖を感じたときって、その理由なんて覚えていないものです。記憶の奥のほうに何かが壊れる音だけが残っています。

当然、何度か殴られたこともあります。だけど意味のない痛みじゃなく、子どもでもその意味がわかる痛みだったから、そこは悪い記憶ではないです。高校卒業して僕が東京に出てくるときまで、我が家には車はありませんでした。父が3回ほど教習所に通っていた記憶はあります。それと同じ回数だけ「教官の言い方に腹が立ったからもう行かない」と言ったのも覚えています。

だから仕事に行くときは、いつもスーパーカブです。朝は5時ぐらいには起きて田んぼや畑や山に行って〝手入れ〟をし、8時頃になると「じゃあ行ってくる」と母に言ってバイクにまたがって出かけていきました。夕方帰ってきたら、また農作業着に着替えて〝手入れ〟に向かう毎日です。そう、雨の日も雪の日もです。

確か僕が小学校3年ぐらいのとき、父が長年勤めていた会社に行かなくなりました。母と話す言葉が微かに聞こえてきて、会社を辞めたんだってことはわかりました。今で言う「リストラ」に遭ったんだと思います。

だけど、父のその動きが止まった記憶はないんです。普通ならしばらくはいろんな意味で、その雰囲気が変わるじゃないですか？　落ち込むだろうし、不安が表情に出るだろうし、イライラもするだろうし……。でも、そんな雰囲気は微塵も僕の記憶には残っていないんです。

今思えば、田畑や山の〝手入れ〟をしている人に休みはないからなんだと思います。常に自然は変化するものだし、だからこそ毎日関わっていないといけないもので、人間社会のように「会社をクビになっちゃった、どうしよう」なんて、悩んだり落ち込むという時間もないんです。自然と向き合ってる人が強いのは、こういう環境と毎日向き合っているからなんだと思います。だって、そもそも自然は人間が思い通りにコントロールできないものだから。農業をしている人は当たり前のように自然と共存しているんです。

そんな父の背中を僕はずっと見てきました。大きくて硬くて寡黙なその背中から伝わってきたものが、僕の中に今も確かに残っています。

父の認知症　どんな状態でも与えてくれる安心感

うまく言えないけど、僕にとって父は〝分厚い壁〟のような存在なんです。

小さい頃はその存在を「怖い」と感じていたし、反抗期の頃は〝邪魔な存在〟とまで思った時期もあります。だけど大人になって結婚して自分にも子どもができると、あのとき父が醸し出していた存在感は、ある意味「安心」と置き換えることができるものだったんだとわかってきます。それも絶対的な安心です。

子どもの頃に感じた父の印象で、今でもハッキリとそのときの感触まで記憶に刻み込まれているものがあります。それが父の手の硬さです。それは農業の人のそれであり、いろんなものを守ってきた中で形になった硬さなんでしょう。

そんな父の様子が10年ほど前から徐々に変わっていき、今では僕の名前も、僕が誰なのかもわからなくなりました。「認知症」です。

父と母がつくってきた家族の中で、僕以外の家族はみんな実家の近くにいます。兄、姉、そしてその子どもたち。子どもたちって言ってももうすっかり大人です。父母にしてみれば、7人の孫たち。そして一昨年曾孫が生まれました。父を、そして父が残してきたものをみんなで守っています。子どもたちもみんなで父（おじいちゃん）を囲んでは、世話をしてくれています。着替えさせるのも、おむつを替えるのも、食事を口に運ぶのも、気がつけば誰かしらが一緒に見てくれているようです。

僕だけが何もしてあげられていません。それをすごく申し訳なく感じています。父はそうした家族のことをどこまでわかっているのかわかりませんが、ときには強く抵抗しながら、ときにはわがままな態度を取りながら、それでもたいていはおとなしく身のまわりの世話をしてもらっていたようです。

認知症を発症した後も、いろんなことがまだわかっていた頃と同じ空気の中で、自分が一番大切に守ってきた過ごしなれた我が家で10年近く過ごしてもらいました。そして、一昨年（２０１７年）夏に施設に入りました。

もうそこには怖い父も、頑固な父も、邪魔な存在と感じさせる父もいません。

「どこまでわかっているんだろうな……」。そんなことを思いながら、実家に帰ったときは必ず施設に行き、「帰りました」と手を握ります。

「帰りました」「行ってきます」。そう言える存在が、そこにいてくれること。たとえ何も理解していなかったとしても、声をかけることができる人がそこにいてくれることが、心からありがたいと感じます。

そして不思議なことに、当時のそれとはまったく違うけど、やっぱり父の存在から、その握った手から、「安心」を感じることができるんです。「認知症」になり、何もわからなくなった父だけど、握り返してくる手のひらの温度からは、「お帰り」っていう声が聞こえてくる。「なんだ、全部わかっているんだ」って、僕は独り言を繰り返します。

施設の必要性　在宅介護改修工事で得る満足感

冒頭でも書いたように、これからしばらくの間、僕らの暮らしは「介護」という言葉を抜きにしては語れなくなると思います。今、その空気があなたの家の中に流れていなくても、決して他人事ではないんです。

僕の父がお世話になっている施設でも、多くの高齢者の方がそれぞれの時間を過ごされています。ときおり家族の人が顔を見に来られる方もいれば、誰も身寄りがいない方もいらっしゃいます。だけど、そこには分け隔てなく24時間診てくれる方がそばにいてくれ、声をかけてくれます。そう、人は誰も一人では生きていけなくて、誰かとつながりながら生きているんだということを実感します。

この現実を直視しながらも、真逆の感覚を覚えるときがあります。自分の父がお世話になっていてこんなことを書くのは失礼な話なんですけど、介護施設という環境が本当に理想なのだろうか、と。昔はなかったこの制度が、どうして今はこんなにも利用されるようになったんだろう、と。

「暮らしのカタチ」を創り出すという仕事に従事している僕にとって、この現実は決して「しょうがない」という言葉で片づけてはいけない風景のようにも感じています。

前にも書きましたが、戦後「家族の在り方」として定着した「核家族」という言葉は、この先もこういった環境に守ってもらいながらも、大切に存在し続けたほうがいいのでしょうか？

こんな風に、今都会で「暮らしの場を創る」という仕事に携わらせていただく中で感じ取る感覚が、もともと源流として僕の中に根づいている感覚といつも僕の中でぶつかり合います。

今の住宅雑誌に見受けられるように、「綺麗」や「オシャレ」や「丈夫さ」や「素材感」だけをウリにした宣伝文句ばかりが流れ出しているこの業界に違和感を覚えるのも、僕の中にこの源流があるからなのだと思います。こうした環境の中で「モノではなく、そこで生み出されていくコトのほうが、家を創る上で大切なテーマなんだ」と思っている自分ができ上がってきています。

こんな背景が僕自身の中にあるからでしょうか、「在宅介護改修工事指定業者」として横浜市と川崎市に登録をしています。「介護」という言葉が暮らしの中で必要になる方々と直接関わっていくこと。それは僕にとってすごく大切な意味を持っているんです。

家一軒を最初からお客さんと関わって、何ヵ月もかけて創っていく仕事。その先では自分の思い描いた通りの家を手にしたお客さんの喜びを感じ取ることができ、そういう仕事をやり遂げたときの満足感は確かに大きいです。

だけど、それと同時に、手摺一本つけるために、在宅介護改修工事にも足を運びます。それを必要とする方が住まうご自宅に伺って作業を終えると、その手摺を握りながら、「これでこの家で生きていける」としみじみと感謝してくれる方がいます。その声を聴いたときに感じる満足感は、注文住宅を創り上げたときのそれとは全然違った色をしているんです。

そのどちらもが僕にとってはすごく大切な仕事の色であり、こうした人と人が直に関わることでしか感じ取ることのできない想いが、「暮らしのカタチを創る」という仕事に従事し続けている僕の軸になってきています。

真の200年住宅　住まう人に愛され続ける家創り

「高度経済成長」というフラッグのもとに駆け抜けてきた時代は、「スクラップアンドビルド」という言葉を生み出し、僕らの暮らしの中に根づかせていきました。古くなれば壊して新しいものをつくればいい。この感覚は長い間、この住宅関連業界にも根を張り続け、その結果、いつの間にか僕らが持つ「家」そのものの時間軸をものすごく短いものにしてきたように思います。それをいつ頃からだったか、「修正していこう」とする空気が突然、この国に流れ始めました。

「長期優良住宅」という新しい言葉と価値観を発信し始めたと思えば、世界中の建築事情から一般住宅の築年数の比較を持ち出し、「欧州などは100年以上にわたって家を大切に使い続けている」といった情報を流し、大手ハウスメーカーは「200年住宅」というコンセプトを立ち上げました。「古民家」という言葉に特別な価値を持たせて一般的に流れ始めたのも、同じ時期だったと思います。

そこには、人口減少、空き家問題、環境問題……そんな課題がどんどん膨れ上がっていく中で、「スクラップアンドビルド」という価値観をそれほど〝悪いもの〟として取り上げてこなかった空気を一転して、軌道修正せざるを得なくなった背景があるのではないかと、僕は感じています。

だけど僕にとっての家は、生まれた頃から当たり前に「200年住宅」なんです。そこは住まう人たちを何世代にもわたって見守り続けていってくれる場所なのです。目線を変えて言えば、「家」とは、そこに住まう人が何世代にもわたって愛し、大切につないでいきたくなる場所であってほしいと思っています。

でも、「長期優良住宅」という言葉を持ち出し、世の中に流れ出てきた最近の価値観は、何だか少し違う気がしてなりません。そこにはただ単に「構造的な丈夫さ」とか、「長期的に維持できる金物」とか、設計的な言い方をすれば「この構造計算が成立しているから安心なんです」とか……そんなテクニカルなポイントばかりがピックアップされた〝構造物〟としての話題ばかりが目立っているような気がしています。

この国には「伝統工法」と言って、古来より伝わる家創りの工法がありました。その組み立てに金物を使わず、木材そのものの柔軟性を活かし、仕口や継手によって建てるというつくり方です。僕が生まれた場所もそういう家です。

そんな伝統的な家創りの工法を1950年に制定された「建築基準法」は大きく塗り替えました。金物を多用した在来工法と呼ばれる今の建て方が生まれた背景には、やはり戦後復興のために経済を効率的に回すという目的があったのです。また歴史の中でいく度か地震に見舞われた経験は、「耐震」という指針にも気を配り、1981年に改正された「耐震基準」が現在で言うところの〝最低限の安心〟になっていったのです。その後1995年の阪神・淡路大震災を機に2000年に再度改正されていますが、このような流れの中で、住まう人にとっての〝安心〟は自然と「高度な技術と製品に裏打ちされ、一定基準に満たされた家」となっていきます。

今も昔も、家とはそこに住まう人が一番安心できる場所でなければいけません。それは事実です。では、150年以上前に建てられて、今で言う基準に則っていない僕の実家は不安を感じる場所だったのでしょうか？　確かに断熱材もないし、最新の金物なんてどこにも使われていません。それでも今も一番安心できる場所だし、兄姉も姪も甥っ子も、そしてその孫たちも年に数回は集まります。みんなその家が大好きです。

先祖代々住み継がれてきた家は、AIやらテクノロジーやら最先端技術を駆使しても同じものをつくることができません。ここにもまたデジタルでは表現できないアナログの世界だけがつくり出せる空気があるということになります。

そんな実家を先日、京都府古民家再生協会のお力添えをいただき、本格的なインスペクションを行っていただきました。床下を自走式ロボットに走らせてくまなく診る「床下インスペクション」、約600項目のチェックに基づいた「古民家鑑定」、そして、まだ耐震設計という言葉すらなかった時代の建物に伝わる微振動をデータ化して建物を構成している木部の耐震性を推し量る「伝統耐震診断」。その結果、150年以上前に伝統工法でつくられた家としては非常によく手入れされていて、いい状態だと判定をいただきました。この診断を行ったのはすべて、この次の世代にもこの家をつないでいきたいという想いからです。

次から次へと生み出される新しい製品や技術も魅力的ですが、家を長く安心して住まう場所として保ち続けるために必要なことは、何よりその家を愛することです。楽しいことも苦しいこともワクワクするときも涙するときも、その場所が舞台になり続けていることが家にとって一番嬉しいことなのです。

もし一つ一つの家が住まう人のそういう想いで満たされていたとしたら、誰も住まなくなって朽ちていく空き家がこれほど増えることはなかったでしょう。14年後の2033年には全国にある家屋のうち約30％が空き家になるという統計まで出ています。どうしてそんな事態になっているんでしょう？　その理由も掘り下げないで、制度や基準や材料だけを新しくしていっても、何も変わらない気がしています。

家の材質がいいとか、仕様がいいとか、資産価値が高いとか、そういうモノサシではなく、家創りに関わっている以上、純粋に住まう人に愛される家を創りたい。次の世代に残していきたいと思える家を創りたい。そう思います。

そこに住まう家族がその場所を愛し続けてくれる限り、その場所は家としていつまでも輝き続けられるし、その場所が大切な場所である限り、そこに住まう家族は世代を超えて家族であり続けられるのかもしれません。

創る側にいる立場として僕自身が目指す場所は、そんな想いがこもった家を一軒でも多く創っていくことに携わることなのです。

2 これから必要となる「暮らしのカタチ」

ユニバーサルデザインの家 世代を超えた時間軸

僕は前項のような想いを持って「暮らしのカタチ」に関わっているのですが、ここでは「暮らしのカタチ」のこれからについて話していきます。

お客さんと出会って、その想いを聴いて、創り出していく「暮らしのカタチ」もあれば、僕自身が「こうであってほしい」とか「こんな場所があってもいいのに……」と思いながら創り出していく「暮らしのカタチ」もあります。

そんな想いをカタチにするとき、自分はどんな画を描いていきたいんだろう？　そんなことを常に自分に問いかけています。さまざまに移り変わる住宅市場。そしてデザイン。そのとき、そのときに人気があるような流行を追いかけるのではなく、これからの社会で、「暮らしの中に必要なカタチとは何なんだろう？」と考えています。

この本で書いてきたように、僕は住空間の創り方が、人間社会のカタチそのものに深く関わってきていると思っています。いや「カタチ」という言葉で表現するような有形のものだけにかかわらず、「価値観」や「感性」「感情」といった無形のものにも、この住空間の創り方は影響している気がしています。だからこそ、僕らそれを創る側の人間は、もっと深く、その創り方に気を配らなければいけないんです。

家は流行りに流されたり、つくり手側から見た利益重視の型にはまった規格ものばかりじゃなく、長く、世代を超えてつながっていくような普遍的なものが含まれたものであってほしい。そう思っています。

これから僕が創っていきたい「暮らしのカタチ」としての基本的なスタンスは、一言で言えば「ユニバーサルデザインでありたい」と思っています。

「できるだけ多くの人が利用可能であるようなデザインであること」というのがユニバーサルデザインの基本的なコンセプトです。そこには障害・能力のいかんを問わず、老若男女、多世代の家族が一緒に暮らせることがイメージの前提としてあります。

歳を取らない人はいません。死なない人もいません。一人で生きていける人もいないんです。

ユニバーサルデザインを「住宅」の中に落とし込むとき、一番配慮しなければいけないのが、

- **暮らしの中にある段差を極力少なくすること（道路から玄関、玄関から室内、室内から水廻り）**
- **生活動線のスペースや室内への開口は広くとること**
- **連続性をもって手摺を設置できること**
- **風通しがよく室内が明るいこと**

そんなことを考えて描いたプランです。

「すべての世代の方に優しさと居心地の良さを感じてもらえる家」

横浜市に流れる鶴見川のほとり。住宅地からつながる道路と、リバーサイドを通るサイクリングロード。そんな2方向から出入りできる土地の企画設計を今僕らは任せられています。この土地の特徴を活かしたユニバーサルデザインの暮らしを考えてみました。

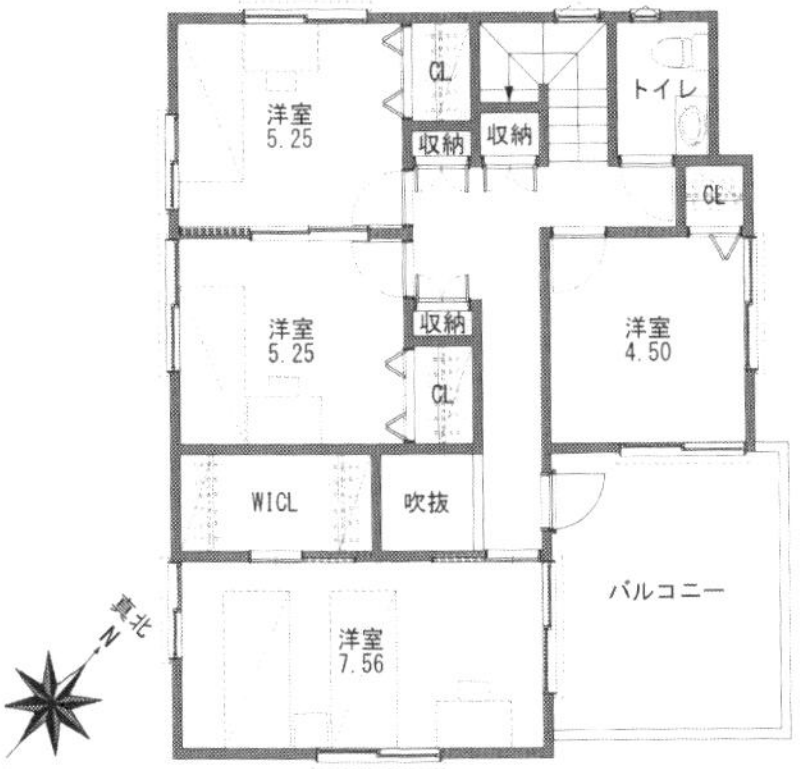

- 廻り階段の廻り部分の段数。理想は平段、スペースを確保することが無理なら2段。3段はNGです。
- 室内に入るドアは引込戸。出入口や通路の有効開口は、80㎝〜1m確保することがすごく重要。連続性をもって手摺が設置できるように考えることも大切です。
- 玄関の理想は引戸。だけど、有効開口を80㎝確保できる引戸って案外少ない。親子ドアなら両開きにした場合、幅1m以上が確保できます。あと玄関内に腰掛は欲しいです。
- 車いすの方を考慮すると、スロープ勾配は1／12が限度。道路から玄関ポーチまでの高低差が50㎝ある家の場合、6mのアプローチを確保することが必要になります。

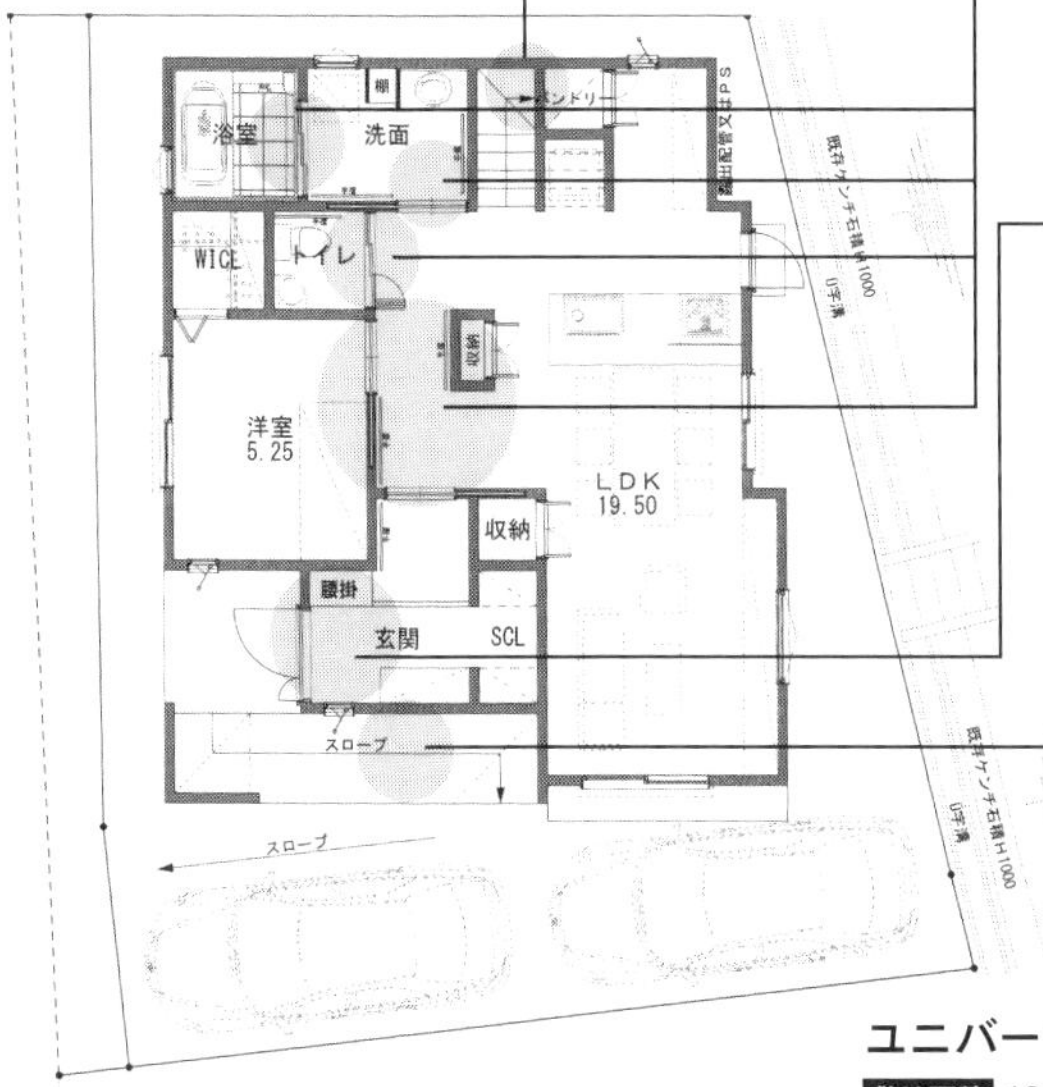

ユニバーサルデザイン（鶴見の家）

敷地面積 130.34㎡　**延床面積** 94.78㎡

だからこそ家はさまざまな人にとって優しく、わかりやすい空間であることが大切なんだと思うんです。家を買ったとき、もしくはつくったときが30代でも、すぐ60代、70代になります。最初は夫婦2人で始まった暮らしでも、しばらく経てば家族が増えて、そしてまた減っていくんです。その家で生まれた子どもたちが20歳になり、巣立っていって、そしてまた新しい家族と戻ってくる。離れて暮らしていたご両親と、あるときまた一緒に暮らすようになるかもしれない。

住まう人の様子は年を追うごとに変わっていくものだから、「暮らしのカタチ」もどんどんその彩りを変えていくんです。そんな移り変わるさまざまなシーンを、静かに優しくずっと見守ってくれる場所、それが家という場所であってほしいと思うんです。

だけどここ数十年、この仕事に従事していて感じるのは、家を買おうとしている人、またはこれからつくろうとしている人の、家という場所に向かうときの時間軸が、ものすごく短いような気がしています。そのとき、そのときの、今ここにいる自分が満足するかどうかだけで、物事の善し悪しを決めているような、そんな気がしています。

それはきっとつくり手である僕ら自身が、そういう長い時間軸をもって家づくりに携わってきていなかったからではないか、という責任も感じています。

着飾った言葉だけを並べて、見栄えのいいしつらえばかりに気を使って、家という場所はここ数十年間つくり続けられています。そのこと自体にひょっとしたら、大きな問題を抱えているのかもしれません。

ユニバーサルデザインの家って手摺がついて、段差が少ない家のことだけをいうのではありません。それは単に「バリアフリー住宅」と言います。

だけど最低限、そういう観点で住まいの中にあるアプローチには気を配っていかないといけないと思います。また、水廻りを含め主要なスペースへ出入りするための開口は広く、誰もがわかりやすい設備を使いたい。そういう柔軟性のある暮らしをカタチにしていくのが、これからの僕の仕事なんだと思っています。

そしてユニバーサルという言葉に向き合いながら、「暮らしのカタチ」を創っていくということは、それ自体を長い時間軸を持った視点で見ていかなくてはカタチにできません。

20年後、30年後、今年生まれた子どもが成人して結婚して、そして孫を連れて帰ってくるまでの時間軸です。今は元気で働いている自分の身体が、不自由になって、一人では歩けなくなっても、住み慣れたその場所で暮らしていけるようなことまでイメージした「暮らしのカタチ」です。

注文住宅というのは、プランをつくる前に住まう方と交わす会話がすべてです。必要なこと、必要そうでないこと、大事なこと、たわいもない雑談、そんな会話の一つ一つが僕の中ではすごく大切な時間になります。

世帯の数だけ「暮らしのカタチ」はあります。どれが正しくて何が間違っているというような表面的な話で答えを出すものでもなく、住まう人それぞれに真正面から向き合って、その家族の人となりを自分なりに咀嚼し、理解して、そこにいる家族みんなが住みやすいカタチとはどういう場所なのかをとことん話し合いながら、家という場所を創っていきたい。そう思っています。

縁側の重要性　内側と外側をつなぐ私的な場所

「暮らしのカタチ」を考えるとき、僕は家の中に取り入れたい具体的なスペースとして、こういう場所も大事だと思っています。

それが「縁側」。正確には家の内側と外側をつなぐ私的な場所ということで、僕はそれがあったほうがいいと思っています。建築家の山本理顕さんは著書である『脱住宅』（平凡社）の中で、そういう場所のことを「閾（しきい）」と表現していました。

「閾」とは「敷居」のことです。ただ、空間を仕切る1本の線のことではなく、もっと空間的な広がりを持った場所のことだと言われています。

こういう難しい理屈はわかりませんが、この章の冒頭で書いたように、僕の中にある「家」という場所には当たり前に存在するものだと、生まれたときから自分のＤＮＡに刷り込まれているスペースが縁側なんです。

子どもの頃はその場所をこんな風に捉えてはいませんでした。だけど都会に出てきて、この仕事について、曲がりなりにも家創りに関わり始めてみて、ずっと感じてた違和感の一つがきっとこのスペースの存在なんです。

都会で創る「暮らしのカタチ」の中に、ほとんどと言っていいほど「縁側」はありません。それは当然田舎ほど敷地が広くないからだし、家だって30坪そこそこあれば広いって言うくらいだから、そりゃそんなスペースを取り入れるのは難しいでしょう。でも、だからつくらないのでしょうか？

縁側でなくてもいいんです。大切なのは「内側と外側をつなぐ私的な場所」が、家の中のどこかにあるかないかです。縁側じゃなくたって、同じような意味を持たせた場所であればいいんです。

建売住宅の間取りを描くことを専門で携わっている先生方を筆頭に、そんなことを考えてプランを描いている設計士の方はほとんどいらっしゃらないような気がします。玄関以外、内と外をつなぐ場所がない。都会でつくる建売住宅では、その玄関すらリビングスペースに面積配分を持っていかれて、ほとんど靴を脱ぐ場所しかないというのが現実です。

道路に面した開口部のサッシに掃き出し窓すらつけようとしない。理由は家の中が丸見えになるから……。確かに、気持ちはわかります。だけど……と、個人的にはそういうデメリットに対してのうまい対処法を考えながら、でもそういう場所をどこかにつくれないかと考えを巡らせている毎日です。

そう思ってしまうくらい、あまりにも今の家は内側と外側を遮断しすぎている気がします。それでいて「隣近所とのコミュニケーションを大切に」と言っている。それはなかなか難しいのではないでしょうか？

交流場所のある家　個の空間づくりからの脱却

これは何も家の中と外だけを対象に言っているわけではありません。各個室である部屋とその外との関わり合いも同じです。今はあまりにも個人個人が個別の殻に閉じこもることのできるスペースを、家という場所をつくるときに大事にしすぎている気がします。

僕はそのことに少し危険も感じています。引きこもり、いじめ、自殺、ニート……。昔からあったのかもしれないけど、今ほど社会的な問題にはなっていませんでした。悲しくて暗いニュースは流れても、今ほど陰湿な感じはなかったように思います。

その理由がすべて私的空間を重要視したことによるものだとは言いません。だけど、間違いなく生で交わされる会話、そして直に感じるリアルな幸せと、逆に痛みも感じることが少なくなったように思います。

それは家のカタチが変わったというだけではないでしょう。一番大きな要因はSNSというコミュニケーションツールの存在だとは思っています。

だけど、住空間を創り出している僕らは、そういう視点で一つ一つの動線と間取りの中に組み入れるスペースの意味を考えながら創らなければいけない立場にあると感じています。空間の創り方次第で、そこで創り出されるドラマの彩りは変わってきます。

何もいろんな人が家の中を、また自分の部屋の中を出入りしないとダメだと言ってるわけではありません。大切なのは心持ちの話です。その場所に流れ出す空気感の問題です。

家の内側と外側をつなぐ場所。外からの人を迎え、交流することのできる私的な空間の存在。そういう空間ってコミュニティの形成、ひいては人間の形成にはすごく大切なことなのではないでしょうか？

現代の家は個を尊重しすぎるあまり、内と外を遮断しすぎています。実際に家そのものの性能面ばかり謳ったハウスメーカーの宣伝文句からも、その〝遮断〟につながる空気を感じます。家の中の快適さを保つためには、外部からの空気や風までも遮断するほうが家の性能を引き出せるかのような文字を見たりすると、何だか寂しくなってしまいます。

今でこそ異常気象が続いて、春らしい風、秋らしい空気を感じる時間が少なくなってきているけど、本来僕らの暮らしは、家の中に外の空気を取り込むことでいろんな感覚を新鮮にしてきたように思います。

それは自然の香りだけでなく、人との交わりも同じです。

個々の家は、その家単体で成り立っているわけではありません。住環境とは、その家を囲む周辺の人たちも一緒に創っている環境のことです。その感覚が鈍ってきているから、普段は話したこともない隣人が突然事件を起こしてビックリしたりするんです。

コミュニティという言葉は内と外を遮断していては成り立ちません。縁側のような空間をどこかにつくるだけで、「暮らしのカタチ」は劇的に変わっていくと思っているのは、僕だけでしょうか？

「人と人がつながる家」

縁側は家の中と外をつなぐ私的空間。住環境を豊かな空気にするために、今必要なスペースだと思っています。153ページに掲載したプランと同じく、鶴見の土地を利用して描いたプランです。

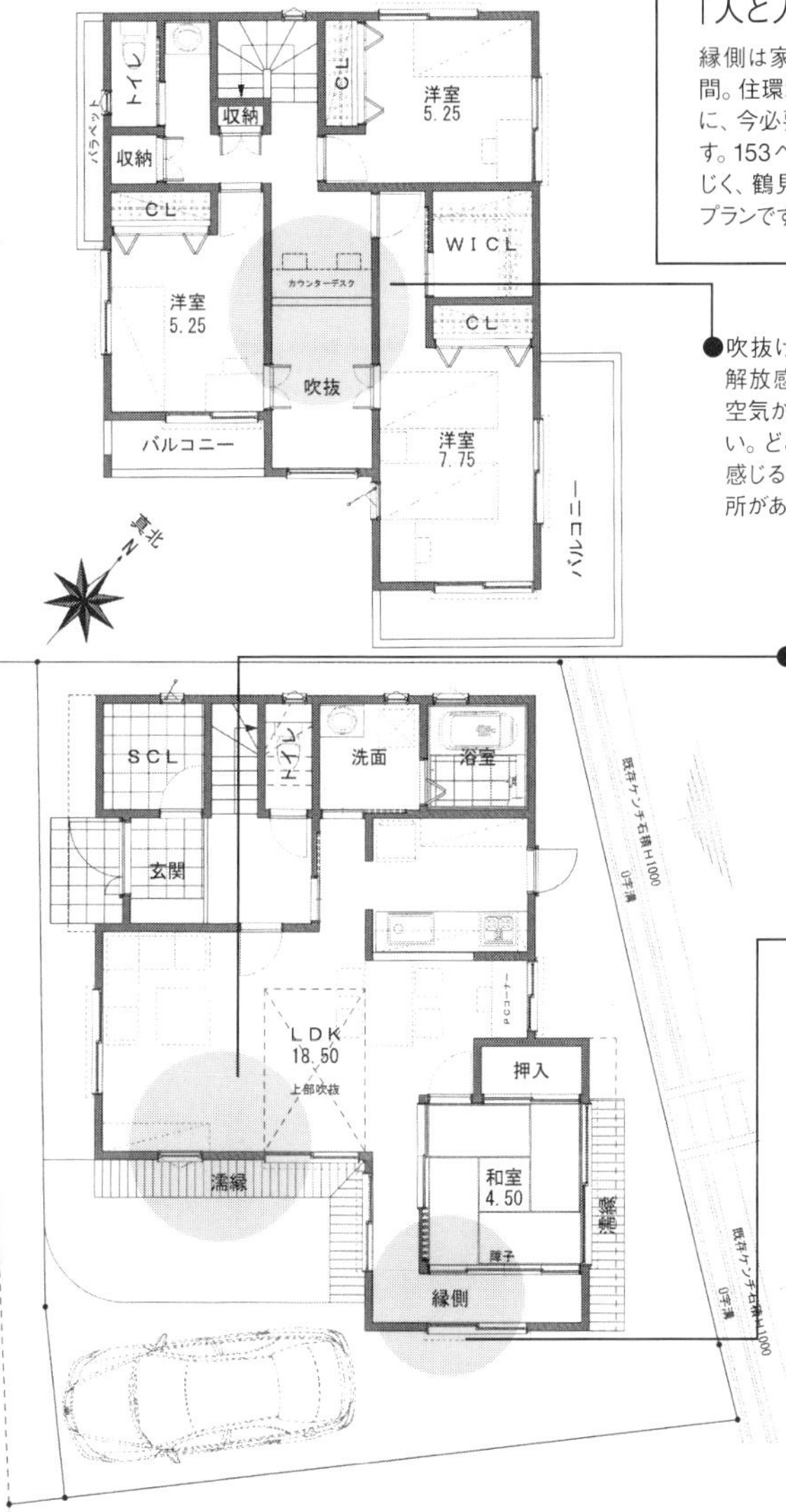

●吹抜けを設ける意味は、明るさや解放感だけじゃない。1階と2階の空気が行き交う、そんな場所にしたい。どこにいても声が届く、体温を感じる、家族をつなげる、そんな場所があってもいい。

●家の外にあるのが濡縁。外の風を感じながら、ゆっくりとくつろげる場所。訪れてくれたお客さんとおしゃべりする場所。

●日向ぼっこするのも、庭先で遊ぶ子どもを見守るのも、夏にスイカを食べるのも、この場所がいい。縁側は人と人がつながる空間。

縁側のある暮らし（鶴見の家）

敷地面積 130.34㎡　**延床面積** 114.27㎡

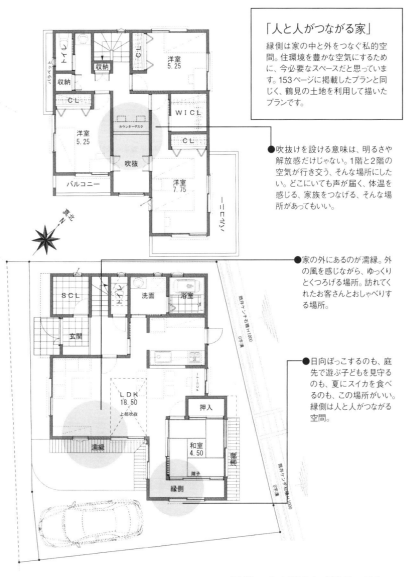

3 未来を変える糸口になる「暮らしのカタチ」

今、考えるべきこと　すべて関係があるという思考

何度も言っていますが、「暮らしのカタチ」は家族の数だけ多種多様にあっていいものです。だけど、みんな同じ空気を吸い、同じ空を見て、同じこの地球で生きています。

現代の暮らしの中でSNSから得られる情報がなくてはならない存在になっている人が数多く見受けられます。確かに便利だし、手軽なツールです。見たい映像、知りたい情報、聴きたい音楽がいつでもどこでも手に入る時代です。だけどその結果、この「自分が～したいもの」、いわゆる「I want to～」だけが強烈に前面に出てきてしまって、それ以外のものは興味がない、関係ないという空気になってきていませんか？

興味というものは、人が生まれて3年間はみな同様に深く大きく持ち合わせているようです

が、いろんな経験を重ねていくうちに、その感覚が薄れていくもののようです。人によって「興味を持つ」という事象に個人差があるのはしょうがないことかもしれないけれど、「関係ない」という感覚はあってはならないものだと思っています。同じ空気を吸い、同じ空を見て、同じこの地球で生きている以上、自分に関係ないことなんてこの世に存在しないんです。

いつだったか、ラジオから流れてきた松たか子さんの詩の朗読を聞いて、身体中が震え出したことがあります。谷川俊太郎さんの『黄金の魚』という詩です。

おおきなさかなはおおきなくちで
ちゅうくらいのさかなをたべ
ちゅうくらいのさかなは
ちいさなさかなをたべ
ちいさなさかなは
もっとちいさな
さかなをたべ
いのちはいのちをいけにえとして
ひかりかがやく

しあわせはふしあわせをやしないとして
はなひらく
どんなよろこびのふかいうみにも
ひとつぶのなみだが
とけていないということはない

『クレーの絵本』（谷川俊太郎／講談社）より

この仕事をさせていただいて、お陰さまでいろんな方に出会い、いろんな「暮らしのカタチ」を創らせていただいています。自分が携わった方々が、そのご家族が、今何をし、どんな「暮らしのカタチ」を守っていらっしゃるのか、そのほとんどを自分は知っているわけではありません。

だけど、たとえどんな暮らしをされていても、その方のこの今が、僕にとってまったく関係ないことはあり得ないんです。そして今、世界中のあちらこちらで災害に遭い、家をなくし、家族を亡くし、途方に暮れている方が多くいらっしゃいます。その方々が抱えている今が、今の自分にまったく関係ない話ということはあり得ないんです。

この世界の一人一人が、必ずどこかで、何かのつながりを持って暮らしています。それは決してＳＮＳのつながりなんかじゃなく、毎日吸っている空気や、飲んでいる水や、太陽の光や、頬にあたる風や降り注ぐ雨や、そして踏みしめる大地を通してつながっているんです。だからこそ関係ないということはあり得ないんです。

違う見方をすれば、今の暮らしを少しずつでも変えていくことで、いつかどこかで何かが変わり始めていっても不思議ではないでしょう。それはすごく時間のかかる途方もない話かもしれないけど、だけど確実に変わっていくきっかけにはなると、僕は信じています。

今、やるべきこと　未来のために膨らませる想像力

生きている今を快適な暮らしにすることだけを追い求めるのではなくて、これから生まれてくる子どもたちのために、今本当にしなくてはいけないことは何なのか？　僕らが日常生活の中で当たり前のように繰り返していることは、この先に続く時代にとって大切なことなんだろうか？　今、その疑問に対して真剣に向き合わないといけない時代が来ているんです。

一般社会に流れている空気の中では、単なる「不動産屋さん」とか「設計会社の人」と言われている人間が、いつの頃からかこんなことばかり考えてしまうようになってしまいました。だけどちょっと見方を変えてみると、「暮らしのカタチ」に関わる仕事って、それほど多種多

様な出来事に直結している仕事なんです。

日常のこまごまとした当たり前が積み重なって、社会ができ上がっています。そうしてこの数十年間でカタチづくってきた社会が今、どこでどう間違えたのか、「少子化」という問題を含んだ人口減少方向に進んでいるんです。自然災害や飢饉を原因とすること以外で、この人口が自然に減っていくという事態を、今を生きている僕らは誰も経験したことがない。自分たちも、自分たちの親世代も、その前の祖先に遡っても、きっと誰も知らない。いや、誰も考えたことすらない現象が起こっているから、きっとその先に広がる景色を想像することすらできないんです。

そんな時代に僕らは今、直面しています。それなのに、今まで通りの考え方や価値観を当てはめて、「経済成長」を声高らかに謳い続けている方がいて、そしてそこから流れ出てくる空気に包まれて、僕らもみんな横並びで夢を見ています。そこに希望を抱いています。だから何をやってもうまくいかないんだと思います。

冷静に考えればわかることだと思います。今まで通りの「数の原理」になぞった公式で、この人口減少社会を泳ぎ切ろうとしていること自体、すでに違和感を覚えるんです。

今、僕らにとって大切なのは、まずは想像力を膨らますことです。自分自身が見て感じ取れる範囲を超えて、広くその街全体の数十年後を想像してみてください。そこに何が見えてきましたか？ そこには何が動いていますか？ それは人ですか？ そこは楽しそうですか？

十人十色、千差万別、価値観も信仰も体格も同じ人は誰一人いない世の中ですが、同じ空気を吸い、同じように風を感じ、同じこの地球の上で生きています。何より、共通して言えることは、誰も一人では生きていけないんです。「いや、自分は一人で生きているよ」と言う方もいらっしゃると思いますが、ハッキリ言います。それは錯覚です。誰しもが必ず誰かとつながり、誰かと一緒に育んだ時間を持っているハズです。その最小単位が「家族」なんです。「個人」という言葉が尊重されて数十年経ちましたが、もう一度「家族」という言葉、「一緒に」という表現の大切さに立ち返ることが必要なんだと思っています。そうすると、その先に見えてきませんか？ 楽しそうに笑っている顔が。聞こえてきませんか？ 子どもたちの声が。

僕が創っていきたいのは、そういう景色が広がる「暮らしのカタチ」です。そこにはおじいちゃんもおばあちゃんも、お父さんもお母さんも、子どもたちも、そして家族と呼べる犬もネコも一緒に苦楽をともにする風景が見えてきます。そこには「少子化」という言葉も「高齢化社会」という表現もなくなっているように思えるんです。

「経済優先」で走り続けたこの数十年に流れた空気を変えてしまうと、当然今求めているような便利さや、みんなが望んでいるような裕福さは、そのサイズ感をひとまわり小さくしてしまうかもしれません。でもそれは、現状のまま走り続けても必ず先細りしていき、ともすればいろんな物事が破綻してしまいそうな懸念さえ感じてしまいます。

この感覚は、人間がつくり出している現代社会の中で起こり得ることに限られたものばかりではありません。経済優先で走り続けた人間社会を背景に生じてしまっているであろう「自然環境」に関わる問題が、何より最も重要な課題なんです。

であれば、ひとまわり小さくても、その中でちゃんとバランスをとって回り続ける安定した暮らしのほうがよくありませんか？　バブルと言われた幻想のような空気感に包まれた暮らしではなく、着実な実態に支えられた「暮らしのカタチ」を創っていくことを僕は望みます。

微力ながらですが、僕が関わる方々の身のまわりに広がる景色を、少しでもこのイメージに近づけていきたい。そう思っています。

今、変えるべきこと　自然の中での暮らしの在り方

この本を書き始めたときに起こった西日本の豪雨災害、そして書き綴っている過程で起こった北海道胆振東部地震、度重なる大型台風の上陸、そして12月の夏日、さらに２０１９年４月、大雪が降ったあくる日には夏日のような陽射しが降り注いだ平成最後の月。「今年は……」と、

いまだに「は」と言葉尻につけて天気予報レベルで限定的なものとして取り扱うニュースに、少しばかり嫌気がさしてきてしまうほどの天候、そして災害。

30年前、「内外、天地とも平和が達成される」という意味を込めて制定された「平成」という元号の最終の年にあたる昨年の漢字が「災」という文字になったのは、皮肉にもそれだけこの30年の間に起こった気候変動は大きかったということでしょう。

それぐらい災害続きだったのに、どうしてこの国で発信されるニュースは、その原因を「温暖化」と限定的に言わないのか？「環境問題」と「自然災害」を結びつけて報じないのか？それを現実とした上で「自然」と向き合おうとしないのか？「災害に強い街づくり」とか「対策強化」とかの言葉がニュースで流れるたびに、どうしてこの国のお偉いさんはいまだに自然と対峙しようとするのかと、個人的には違和感を通り越して嫌悪感さえ抱いています。

一時的な対策は確かに大切です。だけど一番大切なのは、「どうしてこうなっていったのか？」という本質を突き詰めることだと思います。しかしながら、とことんその議論には向き合いたくないようです。それはやはり「経済成長」とは真逆の方向に向き始めるからなんでしょう。どんなに儲かったって、地球がくしゃみをすれば全部吹き飛んでしまうことを、知らないハズはないのに。

昨今、世界中の至るところで、自然の脅威と、それと同時に人間の無力さを痛感している方がいらっしゃると思います。だけど本来、自然は怖いものではありません。知っての通り、僕らは自然の中で生かされているんです。だからここでは「対策」という言葉を使うより「共存」とか「寄り添う」という言葉を使ったほうがしっくりくる気がします。そしてこの感覚は人間の「死生観」とも近い気がしています。

生まれることはめでたいことで、死ぬことは怖いことというのも、ずっと僕自身が違和感を感じていたものです。いつだってその二つは共存していて、切っても切れない関係なんです。そんなことがわからなくなっていったのも、この約70年の間に生じた人間としての感覚の変化のような気がしています。おじいちゃん、おばあちゃんと一緒に暮らすことがなくなったし、人間が最期を迎えるときは病院が当たり前になってしまったのだから、そういう変化があっても不思議ではないのかもしれません。

それまで一緒に暮らしてきた大切な人が亡くなっていくその過程に立ち会うことのできる子どもたちが、今何人いるのだろうと思います。僕自身は小さいとき、そういう時間に立ち会わせてもらいました。それはすごく大切なことで、すごく貴重な時間なんだと思うんです。

そんな時間があったからこそ、いろんなものにリアルに向き合える自分がいます。僕にとっては何もかもがリアルに「暮らしのカタチ」とその在り方に直結してしまうんです。

今、始めるべきこと 未来のための「暮らしのカタチ」

人口減少と少子化、高齢化の社会、それでも経済成長のみを掲げながら突き進む政治や企業、かたや温暖化する自然環境に、無数の細胞でき上がっている人の身体、そして日々住み重ねていくそれぞれの家族の「暮らしのカタチ」。みんな違う話のようでいて、みんな同じシステムの中で成り立っているものなのです。

いずれも無数の個が集合して一つの組織をつくっていて、そのすべてが動的なネットワークで機能しています。自然の中に人間社会はあり、その社会は数多くの企業や一人一人の家族が集まって成り立っています。そしてそれはすべて人間の集まりで、その人間の身体の中には無数の器官と細胞が存在しています。社会ではそれぞれ違うものとして名前をつけていますが、構造的にはすべて同じものとして捉えても、何ら不思議ではないです。

そう考えると、ある仮説が立てられないでしょうか？

「自然と同じように個々がつながり合っていく社会は無理なく生き続け、それとは異なり、分断化された仕組みで形づくっている社会ほど悲劇を生みやすいのではないか？」という考え方です。だとすれば、このデジタル化された社会を笑いながら過ごしていくことに危険すら感じてしまいます。

僕ら一人一人の暮らしの在り方の積み重ねが、今起こっているさまざまな課題と直結しているのです。僕ら生きとし生けるものは、すべてを包み込んでいる自然環境にもっと目を向けるべきだし、それと同時に今の「暮らしのカタチ」そのものにもっと疑問を投げかけ、今のままでいいのかと真剣に問いかけるときが来ているのです。

何でも手軽に手に入り、家の中で一年中快適な空気が流れるような暮らしは、確かに幸せかもしれないけど、そのために一晩中誰かがハンドルを握って排気ガスを出しながら車を走らせていること、室外機からは常に熱い風が吹き出て外の空気を温めていることを忘れてはいけないのです。

プライバシーとか言論の自由とか多種多様な生き方の尊重とか、どれもこれも大切なことだし、守っていきたいことかもしれないけど、その結果、いろんなことがただ単にバラバラになってしまって、各々を慮るということができなくなってきている気がしています。

地球温暖化を問題視している人は無駄な電気を消すこと、再生エネルギーをできるだけ利用すること、ゴミを減らすこと、森を削り取らないこと、できるだけ排気ガスを出さないこと……と、当たり前のように発信しているのに、この国の中心にいる人たちは真逆のことを言っているときがあるような気がします。

ことあるごとに経済成長というフラッグを掲げて、「豊かさ」と「平和」を語る人たちがつくり出す空気の力に、僕らは日々呑まれ続けているのかもしれません。どんなに姿カタチを着飾っても、その傍らには、目を背けてはこれ以上進むことのできない課題が、現実として立ちはだかり続けているのです。そしてそれは年々その規模を大きくしていっているのです。


子どもがいなくなっていく国。

高齢者ばかりが目立っていく国。

家族という社会の縮小が止まらない国。

引きこもりと陰湿な事件ばかりが目立ち始めた国。

春と夏と秋と冬が織りなしてきた彩りが混ざり合い、それぞれの移ろいが色褪せてきた国。


僕はこの本を通して、評論家の山本七平さんが書いた『「空気」の研究』（文藝春秋）という本の中にある、「空気と水の関係」のようなことを書き続けてきたのかもしれません。

戦争の時代を乗り越えたこの100年の間、この国を包み込み続けた「空気」に対して、「暮らしのカタチ」に関わってきた時間を通して僕自身が感じてきたことが「水」のような存在になってしまっています。

「その場の空気に水を差す」という言葉があるように、「水」は一瞬にして、その場の「空気」を崩壊させます。だから「空気」はそうならないために、常に全体を拘束するのです。だけど、いつだって現実は「水」のほうなのです。

今の世の中の大きな流れの中に身を任せたままではなく、まずは日常にある身近なところから、一人一人が真摯に個々の暮らしの在り方に目を向けないといけないのではないかと思っています。

一人一人ができることはすごく少ないけど、それでもその積み重ねが大きくなることを信じて、「暮らしのカタチ」から変えていくことをしていかなければいけないと思います。何もかもが「地続きでつながっている」ということを、僕らは今一度認識する必要があるのではないでしょうか?

付録

家を創るときに必要なお金の話

これから注文住宅を建てる人へ

住宅ローンの基礎知識

担保と抵当権について

この本で主題として話をしているのは建売住宅や中古住宅、それにマンションなど、でき上がった一つの不動産商品を〝買う〟というときの話ではなく、土地を〝買う〟という行為の後、家を〝創る〟という行為が続くときの話です。この場合、その必要な資金を銀行で借りるとき、ただ〝買う〟のとは違っていくつかの注意点があります。その違いを事前に知っているか知らないかで、その資金計画が変わってくるのです。

この本の最後に、そんな注文住宅志向の方に向けて、ちょっと身近で役立つ話を業界内の裏話を含めて書いておきます。

「いくらまで借りられるの?」とか「住宅ローンの賢い選び方」とかいう金融商品の説明を書いた本はいっぱい出ていますので、ここではその手の基本的なハウツーは書きません。ここに書くのは、その住宅ローンという商品の成り立ちをより深く掘り下げたところにある話です。

いきなりですが、まずは「担保」という話題から書いていきます。

不動産業者が「物件」と呼ぶもの、一般の方が「土地」や「家(家屋)」と呼ぶものを銀行では「担保」という呼び方をします。銀行といってもその先にある審査機関、いわゆる保証会社内での表現がこれになります。それはなぜか？

「担保」とは、「将来生じるかもしれない不利益に備え、あらかじめ補塡の準備をすること、またはすでに生じた不利益についての補塡をすること」と辞書には書いてあります。それこそ英語で言うと「security（セキュリティ）」となります。

一般的に僕らがこの言葉を口にするときは、「警備」とか「安心」「保障」とかのケースで使いますから、住宅ローンにはまるで関係ないように思えますが、その言葉を銀行が土地とか家屋に対して使ってくるということは、お金を貸す側の立場にあるからです。貸すという行為には「返してもらう」という権利が生じます。反対に借りるという行為には「返す」という義務が生じます。だから銀行など貸す側の立場を「債権者」、消費者など借りる側の立場を「債務者」って呼ぶんです。

この立場の違いから言えば、貸す側は「返してもらえないかもしれない」という将来生じるかもしれない不利益に備える必要があります。そのために銀行側は土地や家屋のことを「担保」と呼び、その返してもらえないかもしれないときの不利益に備える権利を得ます。それが「抵当権」という権利をつける（設定する）という行為になるわけです。

その権利の存在を不動産という資産を証明する登記簿謄本（今は登記事項証明書と言いま

す）に書き込むこと。その行為を「抵当権をつける（設定する）」と言っています。

この抵当権を土地とか家屋の登記簿謄本に設定することによって、銀行は将来貸したお金が返してもらえなかったときに、その資産を売却するなどしてその返済に充てる強制的な権利を確保することができるんです。

では、その抵当権をいつ設定するのか？　それは当然融資を実行（貸出）するのと同時です。言い方を変えれば、設定することと引き換えにお金を貸すわけです。

住宅ローンの歴史1　公的資金が主流だった時代

ここで一瞬、基本の基本に立ち返ります。それは住宅という資産は「土地」と「家屋」という二つの資産から成り立っているということです。当たり前のことなんですが、意外と一般の方はこの二つの資産をまとめて一つの資産と捉えているような気がしています。きっとそれは、この本で書いてきたように戦後の不動産市場の中で「建売住宅」や「マンション」のように土地と家屋がセットになって商品化されるものが主流になってきたからだと思います。

住宅ローンという金融商品が一般的に世の中に広がっていくきっかけになったのは、１９５０年に「住宅金融公庫」という国の政策によって誕生した金融機関が動き出したことが始まりです。当時は今のように住宅を買うときにお金を借りる先は、銀行ではなく国だったんです。理由は、ただ単にそのほうが貸し出し金利が安かったから。

僕がこの業界に入った1992年当時は、まだこの公庫が住宅ローンの主流でした。今でこそ購入しようとしている物件が3000万円であれ、5000万円であれ、その総額を一つの銀行から借りることが可能な時代です。だけど公庫という国の財源を基にした機関には、一人の人に貸し出せる金額の上限が決まっていました。詰まるところ税金を原資としていますから、それも当たり前の話です。

それがだいたい2000万円前後です。このときはまだバブルが崩壊して間もない時代です。今でこそ横浜でも3000万円前後で地域によっては新築一戸建てを購入できますが、当時は5000万円以内で土地付き建物を手にすることなんてできませんでした。そうすると公庫が貸し出せる上限額と物件価格との差額を埋め合わせるだけの自己資金がなくては、家を購入することはできないわけです。

そこで公庫以外の公的資金として利用されていたのが、年金からの借り入れと財形からの借り入れです。また国ではなく、各市町村から貸し出すことのできる枠として存在した資金源を持っていた行政もありました。横浜で言えば、「横浜市建築助成公社」という組織です。

それぞれがそれぞれの特徴を持っているので、その複数の借入先（債権者）を組み立てて住宅の購入資金として利用していたんです。複数の債権者が一つの物件（担保）に対して貸し出すのですから、債権者間で優劣が存在しました。いわゆる設定順位というものです。先に書いた不利益になるような事態になったときに、複数の債権者の間で約束事とした「回収できる優先順位」のことです。

ただし、それでも借り入れられる総額は物件価格の80％が上限でした。例えば５０００万円の建売住宅を買おうとすると、最低でも１０００万円＋諸経費になる雑費は自己資金（預貯金）で賄える方だけが家を買う〝資格〟があったということです。当然の結果として、家を購入できる世代や年収、職種、またその環境がある一定以上の人という不動産市場がそこには存在していたんです。

今、家を買おうとしている皆さんが、不動産屋さんに行って銀行融資の話を聞いている内容とまるで違うでしょ？

住宅ローンの歴史2　銀行融資が主流になる時代

そんな市場が一変して、今のような自己資金がなくても家が買えるとか、賃貸で払っている家賃より住宅ローンを組んで家を買ったほうが毎月の支払いが安いからとか言って、売買の不動産会社に問い合せをする若い世代の方が増え始めたのは、1994年に施行された自由金利政策という経済市場の変化がきっかけです。その結果、各民間金融機関が貸し出す住宅ローン金利のほうが、それまでの公庫などの公的機関よりも安くなっていき、金融商品も自由化により多種多様になっていったんです。

それまで続いてきた右肩上がりの高度経済成長が、1991年にいわゆるバブル崩壊と言われて崩れ去り、一転してしまったことが原因です。そうして悪化していく経済市場を何とか持ち直さなければという国の政策の一つが、この自由金利政策だったんです。

こうして1950年から続いてきた「住宅購入資金を借りるなら住宅金融公庫」という常識は、この政策をきっかけにどんどん縮小していき、2007年（平成19年）に今で言う「フラット35」（独立法人住宅金融支援機構）として引き継がれていきます。そう、大量生産・大量消費の勢いを止めることなく、もっともっと勢いづかせるためのシステムとして、国はカタチを変えて情報発信を始めたんです。

こうしてより低金利高優遇の市場競争がさらに激しくなっていく中で、この住宅市場はより規格化され、よりわかりやすく、より安いものがいいもの、いい家となっていく空気が、そのまま流れ続けていくことになります。

そう、この本でずっと書いてきたお金の流れが基本となる住宅市場の時間軸は、そのまま住宅ローンの歴史とも重なり、相互関係はより密になっていきます。個人的にはより悪循環の勢いが増していっているようにしか見えないんですが……。

注文住宅の盲点　土地と家屋という二つの流れ

さて、話を戻します。自分が買おうとしている不動産に抵当権を設定するのと引き換えに、お金を借りることができるという時間軸が基本であれば、確かに建売住宅や中古住宅、マンションなどの土地と家屋がセットで商品化されているものを買うときは、何ら問題なく買うことができると思います。

しかし、土地を買った後、家を創るという注文住宅の世界では、その流れが成立しなくなります。だって、抵当権を設定するための登記簿謄本が土地を買う時点で、土地にはあるけど家屋のそれは存在していないからです。

元来「土地」という資産は、新しく生み出されていく性質のものではなくて、その場所に昔からあるもので、単純にAさんからBさんに所有権というものを移転していくことのできる資産です。

だけど「家屋」という資産は、壊れればなくなるし、新しくつくることでまた新しい謄本が発行されます。

不動産にいろんな権利などをつけていく「登記」という業務の中で、「表示登記」という業務がありますが、その説明をお客さんにするときによくたとえとして利用するのが、子どもが生まれたときに役所に提出する「出生届」です。人はその命が生み出されたとき、「出生届」によってその存在が書類で保存されます。

同じように「家屋」も完成して初めて表示登記という届けを提出することで、その存在を証明する登記簿ができ上がるのです。

不動産業界に入ったとき、当時の上司が接客の際に「本当の不動産は土地のみです。不動産とは動かざる財産と書くものですから。家は変化していくことができるわけだから動産と言ってもいいものなんです」と、まるで金八先生みたいなことを言っていたのを覚えています。

「土地は気に入っているんだけど、間取りがちょっと……」と、契約しようかどうか悩んでいるお客さんに対して、「大切なのは土地ですよ」といわゆる営業的なクロージングの意味で使った言葉ですが、今でも不動産というものを考えるときに、僕の中で〝軸〟として残っている言葉の一つです。

注文住宅の注意点1　空白を埋めるつなぎ融資

「抵当権を設定するのと同時にお金を貸します」という理屈で言えば、注文住宅をつくるとき、住宅ローンでお金を借りるとしたら、土地の分は借りられても、家屋をつくるための費用は完成した後でないと銀行は貸してくれないことになります。だって完成するまでは、担保設定をするための家屋の登記簿謄本がそこに存在しないからです。

土地建物がセットで販売される建売とかマンションとかを売買するだけの不動産業界の世界では、何ら問題なく取引はできるのですが、注文住宅をつくろうとすると、建築業者は何千万円もの資金を費やしながらつくる建物が完成するまで、お金がもらえないという状況ができてしまいます。一般的な注文住宅受注の際の請負会社では、現実的にそんなことはできません。そんな当たり前の請負契約の際に発生する資金授受の流れに対応することが、従来の金融機関の持っているシステムでは、現実的に機能しないんです。では、機能しないとなると、どうすればいいのか？

そこで生まれたのが、担保設定することを条件とした融資が出るまでの時間をつなぐ、その名の通り「つなぎ融資」という金融商品です。ノンバンクと言われる金融機関が貸し出すその融資を利用するには、それ相応の経費が必要になりますし、同時に支払いも発生することがあります。

大手ハウスメーカーさんたちは、この流れを当然のこととして営業を展開します。ですので、建物ができるまでの数ヵ月の間、いわゆる請負金額とされる総額を3〜4分割でお客さんからいただくことを当たり前の流れとして定着化させています。

例えば、請負金額2500万円だとしたら、契約時100万円、基礎着工時700万円、上棟時700万円、完成時700万円という資金計画を立てるんです。当然、その支払いに対応できるだけの自己資金がある方なんて早々いらっしゃるわけではありません。

そこで営業戦略的な進め方として「当社提携のファイナンスによるつなぎ融資をご利用していただけます」といった流れに持っていくわけです。そのための経費は、最初から全体の資金計画の中に付加して織り込んでいます。

注文住宅の注意点2　建築中の予期せぬコスト

この章の冒頭に書いた、でき上がった一つの不動産商品をただ〝買う〟場合にはなかった、独特の手順がここにあります。

建売住宅や中古住宅、マンションなどのでき上がりの不動産商品を購入するときは、契約時に100万円（多くても売買価格の5〜10％が上限になります）、残りは完成後、引渡し時に支払いです。

この流れだと、自己資金として用意するのは、手付金の額と契約時にかかる経費だけです。あとは住宅ローンを利用できます。何よりお客さんにとっての一番の違いは、現実的に発生する月々の支払いです。

当たり前ですが、誰しもがどこかに暮らしています。実家暮らしや会社がその賃料を一部負担してくれる社宅の方ならまだしも、一般の賃貸住宅ならそれなりの賃料が暮らしの中で日常的にかかっているでしょう。

でき上がった不動産商品なら住宅ローンの実行日が建物の引渡し日ですから、そのまま引っ越せば住環境に費やす月々のコストが重なることはありません。だけど、実際の引っ越し前に住宅ローンやらつなぎ融資やらを利用しないとダメな場合、その支払いは少なからず月々のコストに加算される場合が出てきます。

これが「土地を買って自分の好きなように注文住宅を創りたい」と希望される方が、その夢が実現しそうになる直前に直面する一番大きな課題になります。お客さんから相談をされたときに不動産業者なり建築業者がその支払いの流れを教えてくれていれば、そういう心の準備や資金計画もできるのに、たいていの場合、この手のお金の話はどの業者さんでも契約直前に話すことが多いようです。

僕の場合は、ここが一番最初に説明するポイントなんですが、契約優先の営業職のトーク展開は少し順番が違うようです。

注文住宅の注意点3　未熟なネットバンク商品

ただ〝買う〟だけだったら、そのために利用する金融機関の選択幅はいっぱいあります。それこそネットバンクと呼ばれる手続き簡単・早い・低金利を売りにする銀行も増えてきています。増えてきているどころか、今の購入者の方はそういう金融機関を選ぶことが常識と捉えている方も少なくありません。

その利点には、金融機関の方と直接会って話す必要がなく、ネットで手軽に手続きができるということを最大のメリットとして挙げている方がほとんどです。いわゆる需要と供給が合っているんでしょう。

そう、ここにも人と人のコミュニケーションを可能な限り不要とする非言語的な世界、だけどよりわかりやすく、より手軽な市場が、より強く、より存在感を示しているんです。

しかしながら言っておきます。住宅ローン商品としてのネットバンク市場には、この注文住宅をつくるために必要となる資金の流れに順応できている機関は、まだほとんど聞いたことがありません。窓口のある都市銀行や地方銀行ですら、まだまだこの〝つくる〟過程で必要になる資金の供給が、住宅ローンとして成立していないんです。正確に言えば、現実的な〝つくる〟流れに消費者目線で合わせられる金融商品がつくられていないと言うべきでしょう。

僕が知る限り、数はかなり少ないですが、一部の都市銀行と横浜にある一部の地方銀行は、かなり現実的に対応できる金融商品を持っています。個人的には信用金庫系の機関もだいぶ頑張って、その商品を改良してきているように感じます。逆に言えば、それほどこの住宅ローンという商品の歴史がつくり出してきた担保という保全システムの考え方が、強固であると言わざるを得ません。

注文住宅の注意点4　施主に知らされない間接費用

家を持とうとするとき、ほとんどの方が建売住宅やマンションなどを〝買う〟という世界から入り、注文住宅で家を〝つくる〟という世界のほうに最初から入ってこない理由として、「総額がいくらになるかわからない」ということが挙げられます。どうしてそんな声が消費者の方から聞こえてくるのでしょうか？

そこには、土地の売買価格でも建物の建築費用でもない費用が存在するからです。ここからは、その答えを一つ一つ説明していきます。


そもそも完成形が確定している一つの商品ではなく、一つ一つこれからつくっていくものだから、どこの会社でどういう仕様で創るか次第で、確かに総額は変わってきますし、またどういう条件の土地に建てるのかでも、その全体的な費用は変わってきます。

例えば、道路付けが狭い場所なら、資材を運ぶときの運搬費用が変わります。高低差のある土地なら、造成費用や残土処理費用というコストがかさばってきます。その土地に接続されているインフラ、いわゆる給排水やガスの埋設管状況はどうなっているかを調査しないと本当の価格は出せません。何より購入した土地に古家が建ったままのお引渡しを条件とした商品なら、まずはその建物を解体処分しないといけなくなります。

ここまでの費用は、その専門職種の人たちが身近にいればすぐに見えてきます。建築が始まらないと詳細が出せない費用ではありません。

一番不透明で、どの建築会社もその答えを保留するのが、地盤改良費用です。これは家が建った後、地盤が沈んで家が傾かないように地盤を補強する費用です。ここ最近のマンション市場で、この地盤改良という言葉をニュースで耳にした人も多いでしょう。まさしく僕が家創りをしているこの横浜で発生したマンションの傾斜事故のニュースが、それです。地中内で住宅を支えるハズの杭が、支持層と呼ばれる強固な地盤に届いてなかったという理由で、マンションの一部が傾いてしまったという事故です。

この地盤改良という作業にかかる費用に関しては、その前に地盤調査をしなければいけません。それはその対象地となる土地の、それこそ計画される家の配置に合わせたピンポイントの箇所で調査し、その地耐力を確認することで正確な補強工事の内容、そしてその費用が見えてきます。いわゆる、先に書いた工事費用のように早い時点で簡単には出せない費用なんです。

そして見えない費用の最後に、外構費用があります。家の外周につくるフェンス、駐車場のコンクリート、門柱門扉やポストなどです。

ここまでの費用を建築費用と分けて、「間接費用」もしくは「付帯設備費用」と言います。一般のお客さんにしたら、当然こういう費用も含めて工務店に「いくら？」と尋ねているのですが、通常工務店が最初に答える建築費用の中には入っていないことが多いです。

その他にも諸税金、取得するためにかかるさまざまな経費なども、お客さんが尋ねる「いくら？」という質問の中には含まれています。ここまで全体的な費用となると、おそらくお客さんが安心できる答えをすぐに言葉にできる営業職はほとんどいないでしょう。少なくとも、そういう職種がこの業界には存在していないんです。

だから、最初に書いたような「総額がいくらになるかわからない」といった消費者の不安げな声が聞こえてきてしまうことになります。


僕はいつもそこまでの範囲の〝総額〟を、検討できる土地が見つかってから1週間以内には、お客さんが安心してもらえる言葉で、その答えを出すようにしています。

それも、検討しているその時点から、数ヵ月後にやって来るであろうお引渡しと言われるそのときまでの工程と、その流れの中で発生するお金のやり取りのタイミングまでを一枚の用紙に書き込んで、ひとまとまりにした内容で提示するようにしています（192〜193ページ参照）。

ここまでお客さんに伝えることができれば、まるで建売やマンションといった完成形が確定している一つの不動産商品を買うときと同じように、全体の予算感がすぐに把握できます。お客さん目線で言えば「注文住宅」で不安視する「価格のわかりづらさ」がなくなるんです。

お客さんの中には「知りたい総額」イコール引っ越し費用やカーテン、エアコンなどの空調費用、新しく買い揃える家具などもその質問に含まれている方もいます。さすがにお会いした初段階で家具などの家財道具までその費用感を提示することは無理ですが、カーテンなどのインテリアや空調機器までなら、その内容をプレゼンと一緒にまとめ出しすることも可能です。

お客様がひと目でわかる「資金の流れも含む全体工程表」

（自宅の売却益を充当して注文住宅を建てる方の例）

お客様が望む資金計画と実際に必要となる資金との差がひと目でわかるスペース

「家創り」全体工程表（資金の流れ含む）

記載期日　○○○○○○

【お客様資金基本組立】		
融資額	50,000,000	
自己資金	6,000,000	
売却益	7,496,132	2,500万として
総額	63,496,132	
予備予算枠	1,477,314	

注意事項

- ●空調設備工事費用は含まれていません
- ●カーテン工事（レール共）は含まれていません
- ●TV受信装置設置工事は含まれていません
- ●電話線引き込み工事は含まれていません
- ●引越し費用は含まれていません
- ●全体工程期間を10ヶ月以内とします。

発生金種	不動産業務他	設計業務他	請負業務	外構業務		
		創喜	根建工務店	創喜		
売買価格	36,000,000					
土地購入経費	3,062,058					
建物購入経費	554,960					
設計関係費用		432,000				
建築本体価格			13,927,969			
建築関係費用		3,114,800				
別途OP価格			2,954,006			
現場管理経費		500,000				
外構工事費用				1,485,000		
各業務別合計	39,617,018	4,046,800	16,881,975	1,485,000	総合計	62,030,793
調整値引き	0	0	-11975	0		
	39,617,018	4,046,800	16,870,000	1,485,000		62,018,818

日付	契約事	業務内容①	業務内容②	金種	不動産業務他	設計業務他	請負業務	外構業務	自己資金	融資状況
					↓	↓	↓	↓	6,000,000	50,000,000
300805		買付申込								
			解体見積							
			給排水見積							
		プラン整理								
300812		全体工程＆資金整理								
		施工計画	全体計画							
			設計打合せ							
8月末までに	売買契約			手付金	-1,000,000				5,000,000	
				仲介料半金	-600,000				4,400,000	
				契約書貼付印紙	-10,000				4,390,000	
			融資申込							
	売却活動開始		融資内定							
301021	金消契約			印紙	-40,000				4,350,000	
			プラン確定							
301027	売却契約(2500万)により手付金100万入金→								5,350,000	1,000,000
		△仲介料(874,800)の半金(437,400)							4,912,600	-437,400
	設計契約			印紙	-10,000				4,902,600	
301102	決済(所有権移転)									
		融資実行							40,902,600	36,000,000
	解体工事発注			残代金	-35,000,000				5,902,600	
				残経費	-2,377,058				3,525,542	
301112		建築確認申請								
11月下旬までに	建物請負契約			契約時金			-1,000,000		2,525,542	
				契約書貼付印紙	-10,000				2,515,542	
11月下旬		建築確認受領		確認申請費用		-432,000			2,083,542	
		建物解体								
		更地（高さ確認）		解体費用		-1,400,000			683,542	
			建物仕様確定							
		地盤調査		調査費用		-64,800			618,742	
301208			地鎮祭	祭事費用	-38,000				580,742	
		地盤改良		改良費用		-1,080,000			-499,258	
12月中旬		先行外構								
		融資分割実行1							3,500,742	4,000,000
1月10日頃		基礎着手		着手時金			-2,500,000		1,000,742	
				管理費半金		-250,000			750,742	
				先行外構費用				-255,000	495,742	
		インフラ整備		整備費用		-490,000			5,742	
310212		上棟								
4月10日頃		木工事完了								
4月末までに		建物完成(完了検査)								
5月7日～		外構着手								
5月12日	銀行手続き				-200				5,542	
		外構完成								
5月17日	売却決済＆建物引渡し同時実行									
	MS融資残高抹消後売却益入金（￥24,000,000－￥16,601,628）								7,403,914	7,398,372
	△仲介手数料残金(437,400)＋抹消費用(27,440)								6,966,514	-437,400
									6,939,074	-27,440
		融資実行							16,939,074	10,000,000
				完成時金			-13,370,000		3,569,074	
			建物購入時経費残	水道局納金	-10,500				3,558,574	
登記費用内訳	司法書士	149,460	→	登記関係	-279,460				3,279,114	
	表示登記	95,000		火災保険	-241,800				3,037,314	
	滅失登記	35,000		管理費残		-250,000			2,787,314	
				道路復旧工事		-80,000			2,707,314	
				外構費用				-1,230,000	1,477,314	
5月24日			引越し							

株式会社　創喜（おいしいおうち）　山田昇平

不動産取引から引渡しまでの全工程とその際の資金の流れをひとまとめにした全体工程表

※この表内の金額は書籍用のもので、実際の金額とは異なります。

設計費用も含めた「間接工事費用」

「本体建築費用」と「標準仕様外となるオプション項目欄」

○○○○様　全体資金計画表

※別途標準仕様書を基本とします。

請負者	業務種類	項目	単位	単価	数量		備考
	A：土地購入価格					36,000,000	
	【間接工事業務】						
(株)創喜	設計業務	企画・設計及び申請費用	件			432,000	[illegible]
(株)創喜	検査申請及び立会	検査申請・立会及び建築詳細打合せ	件				
(株)創喜	解体業務	既存建築物他解体・撤去・廃棄作業	件	1,400,000	1	1,400,000	概算枠・別紙見積
(株)創喜	地盤調査業務	スウェーデン式サウンディング調査	件	64,800	1	64,800	概算枠・別紙見積
(株)創喜	諸設備引込業務	宅内への給排水一次引込み管整備	件	490,000	1	490,000	概算枠・別紙見積
(株)創喜		宅内へのガス引込み管整備	件	10,000		0	概算枠・別紙見積
(株)創喜	地盤改良業務	柱状改良、杭改良、シート改良等	件	1,080,000	1	1,080,000	概算枠・別紙見積
(株)創喜		地盤保証費用	式	75,600		0	概算枠・別紙見積
(株)創喜	造成工事業務	先行残土・ガラ処分費	㎥	10,000		0	概算枠・別紙見積
(株)創喜		道路復旧工事	件	54,000	1	80,000	概算枠・別紙見積
	[illegible]					[illegible]	
	施工業務	基本建築本体工事(標準仕様内)	坪	486,000	24.81	12,057,660	
		準防火地域割増	坪	22,000	24.81	545,820	概算枠・別紙見積
		建物27坪以下割増（狭小特割）	坪	21,600	24.81	535,896	概算枠・別紙見積
		ビルトインガレージ施工	坪	230,000	0.00	0	概算枠・別紙見積
		建築本体小計				13,139,376	概算枠・別紙見積
	間接工事	設備配管追加割増（宅内延長対応）	式	300,000		0	0
		都市ガス工事	件	300,000	1	300,000	
	処分作業	標準基礎工事以外の残土処分	m3	12,000	0.00	0	ガラ処分含む
	その他	特殊基礎割増(深基礎、高基礎)	m	18,003	10.92	196,593	
		近隣対策費用	式	200,000	1	200,000	
		住宅瑕疵担保責任保険登録料	式	92,000	1	92,000	
	C：基本施工費用合計価格			小計		13,927,969	
	【標準外仕様別途工事】						
	防水工事	バルコニー面積追加(3.3㎡以上)	㎡	40,000	2.28	91,200	
	木工事	吹抜	㎡	35,000	2.89	101,150	▲2.9㎡
		下り壁造作	式	45,900	1	45,900	
		化粧梁	本	8,640	1	8,640	
		玄関収納変更差額	式	-5,076	1	-5,076	
施工		可動棚6段（D450）	箇所	23,090	3	69,270	玄関・脱衣室
○○工務店		集成カウンター取付	箇所	14,580	1	14,580	ホール
		壁下地工事	箇所	9,720	2	19,440	玄関
		壁下地工事	箇所	3,240	1	3,240	洋室1
		可動棚5段(w750×D600)	箇所	24,000	1	24,000	Pantry
仕様確定		可動棚5段(w750×D300)	箇所	22,000	1	22,000	Pantry
契約業務		階段下収納扉（パイプ含む）	式	25,380	1	25,380	
全体管理		トイレ棚板取付	箇所	7,344	2	14,688	
(株)創喜		出窓造作	式	70,200	1	70,200	
		ニッチ造作	箇所	7,236	2	14,472	
		ホスクリーン追加	セット	21,600	1	21,600	下地・取付共
		掘りごたつスペース造作	式	181,440	1	181,440	
		家事室棚造作	式	70,200	1	70,200	
		キャットウォーク造作	式	176,580	1	176,580	ねこステップ含む
		吹抜格子	式	61,560	1	61,560	
	鋼製建具	キッチン採風勝手口ドア	式	150,000	1	150,000	
		シャッター変更差額（電動）	箇所	60,000	2	120,000	電源工事含む
		網戸変更差額	式	13,878	1	13,878	ペットネット
	木製建具	キッチン入口戸デザイン変更	式	22,680	1	22,680	
		表示錠追加	箇所	5,400	3	16,200	脱衣室・キッチン・家事室
		洋室２入口戸デザイン変更	式	13,500	1	13,500	ペットドア
		天袋扉追加	枚	19,224	2	38,448	
	住宅設備	洗濯用流し追加	式	97,200	1	97,200	給排水工事・水栓共
		キッチン　ガスコンロ変更差額	式	39,636	1	39,636	ガラストップ・水無し片面焼き
		浴室乾燥機変更差額	式	385,560	1	384,696	
		床暖房(ＴＥＳ)　給湯器変更含む	式	437,746	1	385,560	周辺床調整含む
	内装工事	クロス変更差額（標準外）	式	81,864	1	81,864	
		畳工事	帖	9,720	2	19,440	
	電気工事	標準外追加設置工事	式	51,840	1	51,840	
	その他	玄関ポーチ3段追加	式	150,000	1	150,000	
		玄関ポーチ袖壁工事	式	290,000	1	290,000	
		勝手口土間CON	式	48,600	1	48,600	
	[illegible]					[illegible]	
	E：本体建築費用合計	C+D				16,881,975	
(株)創喜	F：外構工事費用	外周整地・一部BF、玄関アプローチ等				1,485,000	概算枠・別紙見積
	G：本体建築＋外構費用合計額					18,366,975	
(株)創喜	H：全体管理諸経費					500,000	
	I：建築費用総額	B+G+H				22,413,775	
	J：土地建物総合計	A+I				58,413,775	
	K：購入諸経費	土地購入時				3,062,058	
		建物購入時				554,960	
		小計				3,617,018	
	[illegible]					62,030,793	

契約期日	契約名称	契約内容	金額	調整値引き	請負金額	残予算
30102	設計業務委託契約		932,000	0	932,000	
30110	工事発注書	解体工事	1,400,000	0	1,400,000	
30110	工事発注書	給排水工事	490,000	0	490,000	
30112	工事発注書	地盤調査	64,800	0	64,800	
30113	工事発注書	地盤改良費用	1,080,000	0	1,080,000	
30113	建築請負契約	建築本体工事	15,003,519	-3,519	15,000,000	
31011	別途工事発注1	別途工事	1,796,592	-6592	1,790,000	
31032	別途工事発注2	クロス変更差額（標準外）	81,864	-1864	80,000	
31120	玉串料		38,000	0	38,000	
30121	外構契約	先行外構工事	255,000	0	255,000	
31042		本体外構工事	1,230,000	0	1,230,000	
	合計金額		22,371,775	-11,975	22,359,800	0

【建築計画＆敷地内容】			
構造		木造	2階建
	㎡表示		坪表示
1階面積		42.96	13.00
2階面積		39.8	12.04
PH面積			0.00
床面積		0	0.00
(BI面積)		82.76	25.03
(ロフト)		0	0.00
総建築面積		82.76	25.03
建築面積		46.32	14.01
所在地		横浜市○○○○○	
敷地面積	㎡表示		坪表示
		86.81	26.26
第一種低層住居専用			許容面積
建ぺい率		60%	52.09
容積率		100%	86.81
高度		第1種高度地区	

【標準設計費用】各証紙代別		
床面積	2階建	3階建（構造計算込）
200㎡以内	33.48万～	58.48万～
※下記業務を要する場合追加となります。		
35申請の場合		30,000円～
名義や軽微な変更		3,000円～
事前配置図		5,000円～
住宅瑕疵担保保険手続代行		15,000円
工事管理業務		100,000円/月
但し書道路、調整区域、過小宅地等別途あり		
上記業務外にも業務内容により追加費用が発生する場合があります		

土地購入時		
【登記関係費用】		備考
移転登記	～595,520	概算枠・別紙見積
抵当権設定		概算枠・別紙見積
司法書士		概算枠・別紙見積
滅失登記	35,000	
【銀行関係費用】		
保証料	1,034,050	517025×2
事務手数料	108,000	54,000×2
印紙	40,000	20,000×2
【仲介料】	1,231,200	△600,000
【雑費】		
契約印紙	10,000	融資用書類含む
清算費	8,288	概算枠・別紙見積
融資事務手数料		
小計	3,062,058	仲介業見積参照

建物購入時		
【登記関係費用】		
表示登記	95,000	
建物保存	～149,460	概算枠・別紙見積
抵当権設定		概算枠・別紙見積
司法書士		概算枠・別紙見積
【銀行関係費用】		
事務手数料		概算枠・別紙見積
保証料		概算枠・別紙見積
融資事務手数料	0	
印紙	200	概算枠・別紙見積
火災保険	241,800	概算枠・別紙見積
「雑費」		
契約印紙	20,000	
設備関係諸税金	10,500	加入金・局納金等
祭事費用	38,000	地鎮祭等
小計	554,960	仲介業見積参照

※設備関係諸税金は行政管理となります。

本物件のH29年度　評価額（　　　㎡に対して）
敷地　　　　／㎡
固定資産税　　円／㎡
都市計画税　　円／㎡

【資金計画】
金融機関：横浜銀行
（融資持ち込み　綱島支店）
申込金額：5,000万
金利：0.495%(変動金利　2.475%選択として)
（店頭金利より△1.98%として計算）
返済期間：35年
月々支払い：129,682円

土地決済後建物融資までにかかる返済額
100万に対して500円／月
例）4000万実行で16,500円／月
但し元金据え置きの利息のみ計算です。

各業務項目別で行う契約項目とそのときの契約金額が記載された整理欄

土地購入及び建物請負時に必要となる登記費用や銀行費用などの経費一覧

注文住宅の注意点5　消費者目線にない建築業界

お客さんが不安がる「全体費用のわかりづらさ」の理由に、建築の業界自体のわかりづらさもあると思います。それは、その工事内容を施行者側の目線で勝手に縦割りにして、その施工責任の範囲を細かく区分化しているからです。

例えば、水道管などのインフラ設備にしても、道路から宅地への引込までを「一次側工事」と言い、水道メーター以降の建物内部の配管を「二次側工事」と言います。一次も二次も結果は一本としてつながるわけだから同じ設備会社がやるものだと思ってたら、それを分けている元請け会社が多いことは今でも不思議に思っています。

また建築本体を管理する現場監督が、外構工事を管理できないことはよくある話です。それは職人そのもののグループが違うからで、建築本体の施工店がそのまま外構をやることは少ないんです。外構職人さんのことをこの業界内では総称して「ブロック屋さん」とか言ったりしますが、ブロックは建築本体では使わないですから、その職種として建築本体の施工チームとは違ったグループになるんです。

僕が現在のような立ち位置になった当時は、当然まだその辺の分業事情も知らず、素人同然でインフラ設備の一次側も二次側も知らなかったし、建築も外構もひとまとまりで誰かが仕切っていると思っていました。それこそ「外構も基礎も同じようにコンクリートを扱うんだから、同じ職人さんでできるでしょう」って言ったら、「それができる人は少ないよ」って施工会社の監督さんに軽くあしらわれる始末でした。彼らに言わせれば、「外構は外構屋がするから本体建築には関係ないんだよ」と言わんばかりです。

実際に全体を見るようになると、そんな風に綺麗に区分けできるわけがないこともわかってきます。宅内に埋設される水道メーターの設置高さや排水管の枡蓋の高さなんかも、外構工事のときに微調整しないといけない場合があるし、玄関ポーチとそこにつながる階段だって、ポーチは本体建築、階段は外構屋さんとかって分かれたりします。確かにそこにはそうして分業化するちゃんとした理由もあるんだけど、お客さんが知りたい「総額」って話になったら、その施工費用があっちからもこっちからも出てきてわかりづらいんです。

何より、そういう分業体制でいることで、当然業務の変わり目で無駄な仕事が出たりします。そこを段取り良くスムーズに橋渡しをするだけで、無駄なコストは大幅に削減できたりするものです。なのに、その分業の慣習は変えようとしないんです。

それだけ、建築業界はお客さん目線では成り立っていないということだと思います。

注文住宅の注意点6　坪単価に含まれている意味

これから家を建てたいと工務店探しをしている方に会うと、必ず聞かれる質問があります。それが「御社の建築の坪単価はいくらですか？」というものです。

お客さんにしてみれば、誰もなかなか教えてくれない総額を自分自身ではじき出したいから尋ねるんでしょう。

しかしながら、そうして聞き出した坪単価には、先ほどから書いてきたように、かなりの費用が含まれていません。どこの、どういう条件の土地に、どうやって施工するかは考慮に入れない範囲での坪単価です。

確かにリクルートさんが出しているような「○○で家を建てる」系の雑誌などでは、その坪単価別に工務店が分かれていたりします。それは消費者が知りたい項目がそれだからですが、そもそも少し前の建築業界には「坪単価」という言葉は存在していません。

だってどんな仕様で建てるかも、どんな設計の家かもわからないのに、建築費用のおおもとを言えるハズがありません。だから昔はすべて積み上げ算で、すべての内容が決まった上で建築総額が出てきました。もしくはお施主さんの予算を棟梁が事前に聞いて、その中で工面していました。しかし、時代が変わってその坪単価の数字を言えるようにしたんです。

どうしてか？

おおよその建築費用がわからないと、営業職が建築営業をすることができないからです。

そうして「坪単価」という目安をはじき出すために、「標準仕様」というそれぞれの工務店での基本的な建物仕様をつくり出しました。

そこにはおおよその延べ床面積、基本となる居室の数、キッチンやバス、洗面所などの住宅設備のメーカーとその内容、主たる木材の寸法や基礎の構造、コンセントなどの数、水栓の数まで決まっています。

ただし、先に書いたように、どういう条件の土地を設定するかというのは考慮に入れていません。少なくとも追加費用がかからない良好な条件での土地がおおもとになっていることは間違いありません。

これからそういう雑誌を買おうとしている方、または工務店に行って直に尋ねようとしている方は、「坪単価」という表記の背景にあるそういう意味合いを充分に理解してから、そういう数字を聞くようにすることをおすすめします。

僕がしていること　お金も含めた全部の窓口

建築業界という区分けされた中だけでも、これだけ素人目にはわかりづらい現状があるわけですが、僕らはそれを不動産業界で取り交わす費用まで合わせて、総額としてお客さんに即提示しています。何より一番大切な、お客さんの希望を聞いた上で、「どんな家にしたいか」という企画・設計の概略はすべて自分が創っています。そこはメインとする業種が設計会社ですから当然の話です。

でも実際に、自分でしかできないであろう自分の存在価値が何で、どうしてこの仕事を自分がやっているんだろう……と考えたときに、その居場所としてしっくりくるのが、つなぎ役としての〝糸〟のような気がしています。あるときは潤滑油として〝オイル〟のような役目のときもありますが、たいていは〝糸〟のような気がします。僕自身は家を創るための具体的な業務は何もできません。せいぜい簡単な手伝いくらいです。不動産売買に関することもきっと経験値が人より少しあるだけです。

だけど、今のように全部をまとめようとすると、その全景が見える場所、つまりは少し俯瞰で見える立ち位置でお客さんの望む暮らしの全体像を理解して、実際に動いてくれる人と人をつないでいく役が必要なんだと思うんです。

「暮らしのカタチ」を創っていくのに関わる人の数は、普通の木造一戸建てで、それぞれの専門職が約20～25職種あります。大工さん、基礎屋さん、電気屋さん、足場屋さんに屋根屋さん、などなどです。そのほかに地盤改良屋さんに外構屋さん、解体業者に、測量屋さん、不動産業務に関わる仲介業社に司法書士、火災保険屋さん。そして僕ら設計会社に行政の担当者などなど。簡単に40職種、50人以上の人が関わってきます。

その一人一人を点とすれば、それをつなげる線（糸）がいる。そうしてバラバラだった点はお客さんのためにひとつなぎになって、一つの大きな絵になるんです。

とことんまで分業化され、デジタル化された組織をアナログ変換する役割が自分です。しかしながら、何度も言っているように、この業界内にはその糸としての職種がない。だからいまだに自分自身の職種が一言で名刺に書き込めない状態が続いています。困った業界です……。

おわりに

自分の職種は何と言えばいいのか？　自分がやっていることはどういう人の役に立つことができるのだろうか？　そして、それは数十年後、僕の子どもたちの、さらにまたその子どもたちの時代にとって役立つような何かになっているんだろうか？

そんな自問自答を繰り返しているときに、現代書林の鹿野さんに「本を書いてみませんか？」と声をかけてもらいました。自分探しのつもりで文字に置き換えてきたら、あっという間に3年が経っていました。

最初の頃は一文字一文字に投影する自分の姿が不安で仕方なかったんですが、その間に世界中で起こったさまざまな出来事を通して、僕が今の立ち位置で伝えていきたいことの軸がそれほど間違っていないと、自信をもって言葉にできるようになってきたように思います。

そして先日、令和という新しい時代の幕が開く瞬間も、その時間を共有させていただきました。SNSで、テレビで、新聞紙面で、ありとあらゆるメディアが上皇陛下と天皇陛下のお言葉を繰り返し、新しい時代に寄せる期待を掻き立てていく中で、僕は上皇陛下のお気持ちをずっと考えていました。

数年前、カメラを前に全国民に対して生前退位のお気持ちを述べられて以降、平成最後の日を迎えたその日まで、何を考えられ、何を託そうと思われたのか、を。

僕みたいなものが考えを言葉にするのもおこがましいと思いますが、敢えて書き残させていただくとすれば、そこにあったものは、ただ「つなぐ」というお気持ちだったのではないか、と思っています。

「崩御」を機にしてしか皇位継承ができないという現状では、その手で次の世代にバトンを渡すことができません。手から手へ、その温かさも一緒に次につないでいくことが、どれほど大切なことか、上皇陛下はその身をもって直に伝えてくださったように思います。

生まれることと死んでいくこと、終わることと始まること。僕らの日常でも普通に繰り返されている当たり前の風景です。

だけどここ数十年、この「つなぐ」瞬間にリアリティが欠けてきている気がします。すべてが何となく繰り返されているのです。

あの数日間、この国を包み込んだ空気が清々しく感じた理由を僕らはきちんと理解して、日々の暮らしの中に活かしていかなければいけないのだと感じます。そんな毎日を送り続けることができるようになれば、数十年後の暮らしの中に多くの子どもたちの声が戻ってきているような気がします。そこには本当の意味で居心地のいい「暮らしのカタチ」が待っているような気がしています。

ここまでいろいろと書いてはきましたが、所詮はやはり「家創り」に従事する人間です。何かしらの縁あって、僕が関わった方の「暮らしのカタチ」を創り出していく側の人間です。ただ、僕はいわゆる創り手ではなく、その過程に流れている一つ一つの時間を紡いでいく役割なのです。

人は誰しも、自分が居心地良く感じられる居場所を求めているんだと思います。それは自分の家の中だけに限らず、街中の至るところに自然と存在しているスポットだったりします。商業的な目的で意図的につくられた空間なら、街中の至るところにあります。オシャレなカフェとか、素敵なお店が建ち並ぶ商業施設とか。だけど本当の自分に立ち返るとき、人はそういう意図的につくられた場所ではない空間に自分を溶け込ませていくように感じます。河川敷の土手とか、大きな樹の下とか、敷居の低い旧家が建ち並ぶ狭い道路沿いとか。

そう考えると、企業や社会そのものが意図的につくり出した「ここに居てほしい」と思える空間と、人が「しばらくここに居たい」と思える空間は別なのかもしれません。

「しばらくここに居たい」と思える場所は、たいてい人間の思惑とか意図を感じない自然発生的に存在する場所のような気がします。そういう場所にはその街の時間の蓄積があって、そこに暮らしている人の営みが感じられたりするものです。

より斬新なデザインでつくろうとか、より美しく仕上げようとか、今までにない新しい商品を取り入れてとか……、創る側にいると、どうしてもそういう価値基準で作品としての空間をつくろうとするけど、人はそれだけだと生きられないのかもしれないと、自分の生まれ育った街に帰ったときに強く思います。

災害に強い街、明るく安全な街、便利な街。それは合理的で間違った街づくりではないけれど、そこから零れ落ちていくものが、人々の生活の中で生まれ出る本当に大切な息遣いや歴史を創っているのではないかと感じるときがあります。

最近の暗いニュースを耳にするとき、事件の中心にいる人には、こういった「居心地のいい居場所がない」と感じている人が多いのかもしれません。

大げさなたとえかもしれないけど、この日本という国自体も、国際的に見たときのそういう居場所を探しているような気さえしてしまいます。戦後を走り抜けてきたこの70年の間ずっと。

世界の中で見たときの経済的な地位とか、政治的な立ち位置とか、その発信力とか、例えばそういうものを。

だとすれば、その国でこの数十年を過ごしてきた僕らが、同じような感覚を抱いてきていたとしても不思議ではないのでしょう。そんな風にあがいてきた結果、この本で書いてきた問題点があるのであれば、何よりも目指すのは、誰もが純粋に「ここに居たい」と思える国であり、街であり、家であり、そして家族の在り方なのではないでしょうか？

そんな場所や時間や人と人のつながりを紡いでいく役割が、きっと僕自身の仕事なんです。少なくとも僕らつくる側にいる者は、大量生産型住宅のようにつくり手側から見た効率と生産性、何よりつくり手側である自分たちの利益だけを最優先に考えた家づくりをする時代は、もう終わりにしないといけないんだと思います。

そんなことを考えながら、この本で書き溜めたことをまとめようとしたある夜、僕の夢の中に突然、子どもの頃見たドラマのシーンが流れ始めてビックリしました。

それが山田太一さん原作・脚本の『岸辺のアルバム』のワンシーンです。

そう……昨今よくある豪雨災害に見舞われて川に流されていくマイホームの名シーンです。

そうして最後に残ったのは、残骸のように崩れた家の屋根と、一時は崩れてしまう寸前まで行ってしまっていたけど、そこまでの過程の中で生まれ育っていった「家族のつながり」だったように思います。

「暮らしのカタチ」を創る側にいる者として、一番大切にしないといけないものは何なのか？　その答えは、子どもの頃、脚本家になりたいという夢を持つきっかけになったドラマの中にあったのかもしれません。

そんな意味を持ち合わせた家を、どうしたら創っていけるのか？　もしもそんな家を創ることができたとしたら、それが住まう方にとっての「おいしいおうち」なんでしょう。

それを僕ら創り手側は突き詰めていかなければいけないし、これから「家創り」を進めていこうとしている方は、この本の中で、その答えを見つけ出していただけたらと思っています。

山田昇平

［著者プロフィール］

山田昇平

やまだしょうへい

おいしいおうち 代表
株式会社創喜 代表取締役

1967年、京都府福知山市生まれ。ふたご座のAB型。娘3人の父。85年、脚本家・放送作家を目指し、高校卒業後に上京。放送業界への足掛かりとして、88年にTBS系音声プロダクションに入社。『渡る世間は鬼ばかり』など、ドラマ音声担当として番組制作技術スタッフとなる。92年に脚本家になるための「人間観察」を目的に、横浜にある不動産業者に入社。そのまま14年間、仲介業として営業職・管理職を務める。その中で、不動産取引の業界内に流れる金銭感覚や独特の空気に違和感を覚え、売買取引だけの一線から少し身を外し、2006年から設計・施工・販売をすべて行う会社に入社。数多くの分譲住宅の企画・販売に関わる。さらに、ふと「いつから家は買うものになったのだろう?」と疑問を覚えたのをきっかけに、「創る」ことを中心に展開。10年2月に㈱創喜を設立。注文住宅の受注を目的として、不動産売買から企画・設計・施行までの窓口を一括して担当するほか、福祉施設の設計・建築などにも参画する。14年6月、横浜市都筑区に会社を移転し、現在に至る。その間、「下請け・元請け」の関係で成り立つ建築業を嫌い、住宅業界全体に漂う「丸投げ」気質も嫌って、現場に関わる職人さんまでが同じ目線で住む人のことだけを考えて家創りをする、「おいしいおうち」というチームを創る。そこで、不動産・設計・建築など、縦割りで分業された枠を取り払い、総合的にまとめるプロデューサー的な立場を確立。自分で確認しないと前に進めない性格から、お客さんとのやり取りはもちろん、現場にも自分の足で行くなど、常にすべてを把握することを徹底している。こうした仕事をしながら、子どもたち世代につないでいく本当に必要な「暮らしのカタチ」とはどうあるべきかを現在も模索している。

株式会社創喜（「おいしいおうち」プロデュース会社）

住所	神奈川県横浜市都筑区北山田4-8-20 タカハシビルC2
TEL	045-508-9445　(FAX 045-508-9454)
E-mail	info@oishii-ouchi.com
HP	https://oishii-ouchi.com/
事業内容	建築設計・企画・総合施工管理業務 不動産・建築に関する総合プロデュース 宅地建物取引業　在宅介護改修工事 店舗・事務所改修工事ほかリフォーム全般

Team「おいしいおうち」スタッフ

[総合プロデュース] 山田昇平（㈱創喜）
[住空間アドバイザー] 池崎美貴（㈱創喜） 福祉住環境コーディネーター、宅地建物取引士
[設計・工事監理者] 上甲和人（㈱創喜） 2級建築士、住宅省エネルギー設計技術者、既存住宅状況調査技術者
[店長] ぽん太（㈱創喜） 癒し担当

各施工会社担当	窪島さん（㈲根建工務店）
	瀧澤さん（ウッドライフ㈱）
	大宮さん（㈲共同ハウス）
	向井さん（日本住宅ツーバイ㈱）
	吉田くん（ワイズ㈱）
	杉浦さん（㈱ジェイキャディ）
大工	潤ちゃん（㈱IKホーム）
	今泉さん
	八ツ山さん
電気	奥山ちゃん（㈱高城電設）
設備	尾上ちゃん（㈱おの上工業）
基礎	山口さん（㈲山翔）
左官	大迫ちゃん（㈱大喜舎）
塗装	中沢さん（㈱ダイソー）
防水	丹羽さん（㈱東海防水）
クロス	矢島さん（矢島建装）
畳	横溝さん（横溝製畳）
クリーニング	中村さん（関東ハウスクリーニング）
リペア	井上さん（井上リペア）
産廃処理	池田くん（＋Plus）
足場	田澤くん（㈱アシバックス）
地盤調査・改良	田口さん（㈲サポートホールド）
解体工事	剛士くん（㈱山口工務店）
外構工事	竹ちゃん（㈲翔優）
	今川くん（㈱琴美建設）
	栄家さん（㈱栄家）
看板	大峰さん（㈱タイホー）
インテリア	矢木ちゃん（㈱ルームワン）
商社	高橋くん（渡辺パイプ㈱）
	宇賀ちゃん（日本エムテクス㈱）
厨房機器	城丸さん（ホシザキ㈱）
設計・構造計算	寺田さん（㈱てらだ設計室）
	木村さん・折山さん（㈱A.M.A一級建築事務所）
	斎藤さん（㈱創建設計）
不動産業者	福井さん（三福住宅㈲）
	野田さん（日経土地㈱）
司法書士	吉田さん（吉田智司法書士事務所）
土地家屋調査士	河原さん（㈲河原測量設計）
保険会社	鴨志田さん（東京海上日動代理店 ㈱マリン）

Special Thanks

HP	山内さん
	國分さん（㈱EZGATE）
イラスト	杉崎アチャさん
ネットワーク	須佐くん・田中さん（RADIX㈱）
経理	大谷さん・栗山くん（㈱横浜中央経理）

神奈川県建築安全協会の皆様
建築審査課、道路課の皆様
各金融機関住宅ローン担当の皆さん

[家創《いえづく》りの原点《げんてん》] 家族《かぞく》がひとつになる「暮《く》らしのカタチ」

2019年8月15日　初版第1刷

著者 ―――― 山田昇平《やまだしょうへい》

発行者 ―――― 坂本桂一

発行所 ―――― 現代書林
〒162-0053 東京都新宿区原町3-61 桂ビル
TEL 03 (3205) 8384 (代表)
振替 00140-7-42905
http://www.gendaishorin.co.jp/

デザイン ―――― 華本達哉 (aozora.tv)

イラスト ―――― 杉崎アチャ

印刷・製本　広研印刷㈱
落丁・乱丁本はお取り替えいたします。

定価はカバーに
表示してあります。

ISBN978-4-7745-1792-6 C0052